MEDIOME:
MEDIA+OME

メディオーム

ポストヒューマンのメディア論

MEDIOME:
MEDIA+OME

吉田健彦
TAKEHIKO YOSHIDA

共和国

はじめに

アメリカツガとポストヒューマン

MEDIOME:
MEDIA+OME

私たちは既にポストヒューマンとして生きている。だがそれは、テクノロジーにより改変された新たな人間などというレイ・カーツワイル流の妄言のことではない[1]。私たちはサイボーグ化技術やＤＮＡハッキングが身近なものとなる遙か以前、いまから半世紀以上前に「ポストヒューマン」への決定的な一歩を踏み出していた。それは人間が存在するということの原理から生じたことであり、善悪という価値づけによって語られるものではなく、私たちがその進む先をコントロールできるようなものでもない。「人間《ヒューマン》」から「ポストヒューマン」への移行は、単に、既に、そして避けがたく起きてしまった歴史的事実に過ぎない。では私たちが既にそうであるところの「ポストヒューマン」とは何か、そしてその移行はなぜ生じたのか。本書はメディア論の立場からそのことを明らかにしていく。

だが、まずは一つの現代アート作品の紹介からその探索を始めることにしよう。

米国のアーティストであるマーク・ディオンによる作品《Neukom Vivarium》は、シアトル郊外で枯れかけていたアメリカツガを、同じくシアトルにあるオリンピック彫刻公園に移植し、延命を図るというものだ［図1］。本来それが生えていた場所の生態系を可能な限り複製し木の生命を永らえさせようとするこのプロジェクトは、けれども同時に、失敗を決定づけられたものでもある。ディオンは自らの作品について次のように語る。

図1　マーク・ディオン《Neukom Vivarium》
Installation at Seattle Art Museum. 2007.
出典：Joanna Marsh. "Fieldwork: A Conversation with Mark Dion". *American Art*. Volume 23, Number 2. 2009. pp.32-53.
Photo: Paul Macapia.

この作品では、一つ常に大切にしていることがありました。自然の生態系システムの再生不能性を強調することです。それが奇妙に聞こえることは自覚しています。この作品全体が、あの木の周囲の生態系をそっくりそのまま正確に複製して朽ち木を再生させようというプロジェクトだったのですからね。そこに、失敗という要素が入ってくるのです。あの土地の生態系には膨大な量の変数があります。昆虫の量、湿度、温度、植物や菌類の種類……それらを再現するために僕たちは

最善を尽くしましたが、その複雑さには遠く及ばないのです。(2)

ディオンの作品には、ポストヒューマンとしての私たちがこれからどのような生を送ることになるのか、その予兆に満ちている。複製性と再生不可能性、あらゆる他者との関係から生まれる巨大な全体、そして生と死……。これらのイメージが、ポストヒューマンについての私たちの探究の進路を指し示してくれる。私たちはこの論考の最後に、再び《Neukom Vivarium》に戻ってくるだろう。

*

もし私たちが既にポストヒューマンであるなら、なぜこれほどまでに現代社会に適応できず、存在することの不安に苦しんでいるのだろうか？　そこで私たちはしばしば次のように主張する。高度メディア社会はそこで生きる人間にかつてない自由と利便性を与えた。だが同時に高度に発達したメディア技術はアルゴリズムとデータをその原理としており、コミュニケーションから生命性を捨象し、抽象化された他者観は私たちから倫理を根本的に喪失させる。メディア技術はまた物流にも革命的な変化をもたらし、それはいっそう他者との関係性を不要なものとしていく。他者との関係性は本来いかなるものであれ必ず倫理関係を含む。それは私たちに煩わしく重苦しい責任を負わせるものであるがゆえに、私たちはそれを忌避しようとする。高度メディア社会は表面上その忌避を可能にするものであり、そのなかで生まれた私たちは、したがって人間としての責任から逃避した弱く、誤った、救われるべき存在なのだ。むしろ私たちは、いまこそ、このグローバル化した世界においてメディア技術を正しく利用して人びとと連帯し、自由で開かれた民主主義社会を実現しなければならない。仮想であるネットから抜け出し、他者とリアルで豊かなコミュニケーションを築いていかなければならない、と。

私たちはこのようにして、古き良き時代の人文学的文法にしたがい、私たちの生活を現代社会における病理現象の一つだと言う。けれども、メディアが私たちの接続を拡大し、新たな共同性を生み出すようなものではないということは、インターネットが当然のインフラとされる以前に予見されていたことだ。

グローバルなコミュニケーションが日常茶飯事になった今日、コミュニケーションの限界は実質的に取り除かれたと言ってよいだろう。肉体に課せられた物理的な限界を超えて、また距離的に制約されることもなく、人間同士が相互作用することを、新しいコミュニケーション・メディアが可能にした。〔……〕しかるべきメディアさえ選択すれば、常に誰とでもコミュニケーションができるこの社会のなかにいて、やはり孤独だとはいったいどうしたことなのだろうか。(3)

この指摘から三十年以上が過ぎたいま、技術はもはや、私たち個人のコミュニケーション不全の次元を遙かに超えたさまざまな問題を私たちに突きつけている。異なる文化に暮らす人びとに対しとめどなく高まる排斥感情と無数の紛争、マイクロ秒単位で取引され巨額の富をよりいっそう一部へ集中させていく金融市場、「人新世」という言葉が示す回復不可能な段階に達した環境破壊、そしてひとたび破綻すれば取り返しのつかない被害を引き起こす科学技術。それらは――少なくともその原因の一部は――皮肉にも自由で開かれたコミュニケーションを実現すると思われていたメディア技術なしにはあり得なかったものだ。

それでも私たちは、むしろそのコミュニケーション不全がゆえに、表面的には何の不自由もなくそれなりに豊かな生活を送りつつ、それを可能にしている遠くの他者の犠牲と搾取に、娯楽となる以上には目を向けずに生きていける。そしてそれでも、私たちは私たちの存在自体が虚像に過ぎないような不安と焦燥から逃れられずにいる。この虚無的で救いのない状況において、技術にすべてを丸投げするかのようにポストヒューマン論やAIによるシンギュラリティの到来が待望されるのも不思議ではないのかもしれない。

だが果たしてそれは正しいのだろうか。このような主張の根底には、人間と技術が可分なものだという人間観がある。技術に対して理性的コントロールの必要性を訴えることも、感情的な嫌悪感や恐怖心から反技術主義へ走ることも、いずれにせよその要点は、人間は技術を望む範囲で使用できる／できなければならないというところにある。だとそればそれらもまた結局のところは技術主義的世界観を超えるものではない。けれどもいま私たちが生きることそれ自体に苦しみ、存在の不安に脅かされているのは、技術の扱い方に悩んでいるからなどではない。そうであるのなら人間の苦悩はマニュアルの未読、あるいはせいぜい読み違えによるものでしかなく、現に多くの哲学は先鋭化する現代技術から取り残されまいとするあまり、そのマニュアルを目指すしかなくなっている。そもそも哲学が技術の問題を正当に扱ってきたかどうかに対しては疑問があり(4)、これらの議論に留まる限り私たちの直面している人間存在の危機への真の応答は望めない。

技術に汚染されていなかった虚構としての無垢な人間性に立ち返ろうとすること、あるいは理想の世界を目指し技術をコントロールしようと足掻き続けること、そのいずれも不可能なのだ。技術はこの私を私たらしめる存在の原理であり、分離できない絶対的条件であり、そしてこの私にとって永遠に謎のままで在り続ける他者たちと結びついたものであるがゆえに、私にコントロールなどできるはずもない。

私たちはその原理が持つ途轍もない遠心力に振り回されるままに歴史を重ね、その必然の果てに、既にポストヒューマンになっていた。とはいえ確かに、私たちのなかにはまだノスタルジックな人間観の残滓が根深くあるかもしれないし、「ポスト」を冠したところで人間であることの責任から逃れられるはずもない。だからいま私たちがすべきなのは、ポストヒューマンを来たるべきユートピアあるいはディストピアの住民として描き、熱狂し帰依するか恐怖し排撃するかではなく、この現実を生きる私たち自身のリアルな生として語る言葉を探すことだ。そしてそれは、新たな人文学《ポストヒューマニズム》を創り出すということでもある。

本書では、技術は人間存在から分かち得ないものであるということを人間の絶対的な条件として、そこから、この新たな時代において必要とされている人間像とはいかなるものなのかを考えていく。したがってここでは以下の諸点が問題となる。

一、なぜ人間存在の基底に技術があるのか、そもそもここで言う技術とは何か。
二、なぜ技術は歴史とともに拡大深化していくのか。
三、その拡大深化の帰結としての現代諸技術の特異性はどこにあるのか。
四、私たちはなぜ、そしていつポストヒューマンになったのか。
五、現代という特異的状況において、では私たちの生はいかにして可能なのか。

私たちはさまざまな観点からこれらの問題に繰り返し立ち戻り議論を深めつつ、技術的楽観論でも反技術主義でもない、新たな人文学、ポストヒューマンとしての私たちの、それでもなお人間としての在り方を考えていこう。

メディオーム

目次

MEDIOME:
MEDIA+OME

第一章

閉じていく世界

MEDIOME:
MEDIA+OME

他者

私たちは既にポストヒューマンである。そう言われてすぐに納得する者は少ないだろう。実際、私たちは未だに生得的な肉体という檻に閉じこめられており、自己意識をデジタル化しネットにアップロードすることもできないし、自らを生体改造してエウロパの海に浮かぶこともできない。より直接的に言えば、私たちは老い、死ぬ。それでもなお、きみは自分がポストヒューマンだと感じるだろうか?

だが、そうなのだ。ここではまず、「ポストヒューマン」とは何かを改めて考えていくことにしよう。私たちはいつの時点で、どのようにして、そしてどのような必然性をもって旧態依然とした人間からポストヒューマンへ移行したのか。これらを明らかにするとはつまり、この私とは誰か、人間の原理とは何かを問うことでもある。本書ではその原理の中心に他者を置く(1)。

私たちはその存在の始原の点において、まだこの私ではない。それをこの私たらしめるのが他者からの呼びかけである。それは親からの呼びかけかもしれないし、空腹という生物学的欲求かもしれないし、温度やまぶしさといった環境要因からの刺激かもしれない。いずれにせよその呼びかけに応答を強要されるものとして、私たちはこの私として存在することを要求される。それは対等な関係性においてなされる交渉や誘いかけではなく、そもそも拒否する主体としてのこの私が未だ存在しない時点における呼びかけであるがゆえに、原理的に暴力である(2)。それは、その結果産み出されるもの、あるいは産み出されることそれ自体の善悪にかかわらない。そしてまた、ここで言う始原の点とは、私たちが生物学的に誕生するそのときのみを意味しているのではない。それは私たちが成長し、社会的基盤や社会的規範のなかで生きるようになった後においても、常に既に前として在り続ける。その前存在論的領域を後から認識し得るという点こそが、人間を他の存在から峻別する倫理的存在にする。ただし倫理的存在であることは、決して正義でも善でもない。倫理は存在の原理から直接生じるものであり、そこに価値づけはない。

しかしこの徹底した受動性から起動されるこの私という考え方を、近代的人間観に縛られた私たちは反射的に否定したくなるかもしれない。私たちは自立した主体ではないのか？　また存在の根源に受動性があるにしても、そのうえで私たちは自由で対等な主体同士として理性によって対話できるのであり、それが社会的規範を構築するのではないのか？　どちらも正しい。それらは私たちが社会生活を営むうえで必要な前提でもあり、さらには苦闘の連続の果てに獲得されてきた、それぞれの時代におけるそれぞれの切実な要請を背景とした重要な概念でもある。にもかかわらず、ここで近代的人間観に対して批判的立場を取るのは、本書が現代社会をそのような人間観が既に説得力を持ち得ない時代であると捉えているからであり、またその人間観が説得力を失った原因である人間存在への誤認がどこにあったのかを問い直さなければならない、と考えるためである。

確かに、徹底した受動性というものは受け入れがたく思える。「迫害の受動性を全面的受動性あるいは絶対的受動性と形容しうるのは、迫害される者が迫害者に対して責任を負いうる場合を措《お》いてほかにない」(3)とエマニュエル・レヴィナスは言う。すなわち、迫害された者がその迫害ゆえに迫害した者に対して責任を負うのである。この主張が一見不可解に思えるのは、神や自然を含む他者といった、かつて人間存在が生において受け入れていた畏怖すべきものたちを、私たちが既に失ってきていることによる。

レヴィナスによれば、他者からの迫害は自我の形成に先立ち、自我の形成の前提となっている。レヴィナスが「存在することの外」(4)と呼ぶこの主体の前史は、生み出される主体によって選択されたものではないゆえに迫害的である。私はこの前存在論的な原光景を説明することはできない。私のいかなる行為にも、いかなる意志にも関わりなく、他者は私の眼前に現れ、私に応答を要求する。私の身に起きたことを「あたかも世界の創造に立ち会ったかのように、あたかも自分の自由専横から帰結した世界のみを担っているかのように」[5]この私の為したことの故《ゆえ》として説明することを彼は否定する。それは思い上がりでしかない。私たちは自ら選択した行為の結果として責任が生じると考える。しかしレヴィナスは責任と自由とを結びつけるこのような見方を批判する。レヴィナスにとっての自我とは、存在の始原において未だに主体ならざる私の感受性が他者へ応答することによってのみ、すなわち、「一切の受動性の手前に存する受動性」[6]によってのみ可能となるのである。

レヴィナスの議論は彼の強烈なユダヤ教的世界観に裏づけられており、私たちがそのすべてを共有することは困難かもしれない。しかしやはりそれだけではない。彼が問うているのが受動性以前の受動性である以上、それは常にどのこの私の問いでもあるのだ。ただしそれは抽象的普遍性を帯びた私を意味しているのではなく、ある徹底して固有のこの私と他者の関係性を、その固有性を手放さないままに問い続けることに他ならない。

ジャン＝リュック・ナンシーは人間存在の共同性について、「存在は〔……〕同時に単数かつ複数〔singulier et pluriel〕である」[7]と定義する。ナンシーはそれを「共‐存在〔être-avec〕」という言葉によって示すが、それはマルティン・ハイデガーの Mitsein〔共存在〕を想起させる。しかしハイデガーの場合、その「共」はあくまで「Dasein〔現存在〕の根源性を確立した後でしか導入しない」[8]。しかし共‐存在とは、独立した諸主体が同時に現出するような事態を指しているのではない。それは「何も、誰も、到来する他者たちへと、他者たちと共に生まれるのでなければ生まれえない〔……〕絶対的に根源的な構造」(9)を意味している。すなわち、ナンシーにとって人間は個として出発するようなものではなく、共で在りつつ同時に個であるものとしてしか存在し始めようのないものとして理解されている。

ナンシーの議論は、特にその技術論においてはハイデガーを批判的に受け継いでいるが、人間存在の始原における他‐自関係の原理についてはむしろレヴィナスに近い。本書の議論においても彼の共‐存在という観点は重要な示唆を与えてくれる。ただしナンシーにおける共同体は、彼自身が留保条件をつけつつもコミュニケーションの問題として捉えていることからも明らかなように(10)、基本的には人間と人間の関係として理解すべきである。他方、本書における共同体は、最終的には人間だけではなく、今後考察していくように草木や大地、記憶や概念も含んでいる。

要するに、私たち人間存在は徹底して他者によって起動される存在でありそれ以外に起動される方法はなく、かつその他者には人間以外のあらゆる存在が含まれる。これを他者原理と呼ぼう。他者原理は、本書において責任＝倫理とはあらゆる他者から突きつけられる徹底的に一方的な関係として直接導かれるものであること、また現代メディア技術の向こうに現れる誰かに対してでさえこの私が開かれていると本書が考えていることから、決定的に重要となる。

責任＝倫理とは、したがって、自立的あるいは理性的な個の関係性、存在した後に取り結ばれる契約ではなく、存在の原理として理解される。そこには共感も、理性に基づいた公共圏的共同性も一切含まれてはいない。他者に対する畏怖は、あくまで異質性と制御不可能性、そしてにもかかわらずその他者なくしてはこの私が在り得ないという根源的暴力に根ざした不条理性から生まれる。そこに共感も理性も介在する余地はない。共感も理性も、共同性を語るための共同性の措定というトートロジーに陥るのであればいかなる力も持ちはしない。しかしこれは共感も理性も無意義であるということではない。常にその前にある絶対的畏怖に対する感応を開き続ける覚悟こそが問われているのだ。

「現代メディア技術を利用した自由で開かれたグローバルな共同体」などといった言説がほとんどの場合まったくの無力に留まるのは、他者への開かれという言葉が本来内包する圧倒的な怖れへの認識が欠如しているためである。逆に、もしそこにそのような認識があるのなら、共感や理性は、単なる理念を超えた、この私の死をも眼差した凄味を持ち得る。しかしこの理解をともなわない場合、「自由で開かれたグローバルな共同体」は、一部の強靭な精神を持った人びとにとっては永遠に到達しないユートピアであり続け、そうでない人びとにとっては自分以外のすべてを——あるいは自分自身をこそ——排除するための境界線となるだろう。しかしいずれにせよそれはこの私と他者との断絶を拡大させ続ける。

欲望の二重らせん

他者原理を踏まえ、改めて人間の定義を考えてみよう。

第一に、私たちは他者を欲望する存在である。私たちはあらゆるものからの呼びかけに囲まれ生きている。それは見知らぬ、あるいは見知ったきみかもしれないし、私たちの生を可能にする食物であるかもしれない。周囲の木々や天候、使い慣れた、使い慣れない道具かもしれないし、天空の星々でさえあるかもしれない。[11] しかしその呼びかけが呼びかけたり得るのは、それがこの私の前存在論的領域におけるもの、この私には制御も予測も取引もできない避けがたいものとして現れるときのみである。それゆえ、他者は決して完全には知り得ない。では、そのようにして存在へと駆動されたこの私は、少なくとも自分自身を知ることができるのだろうか。それもまた不可能である。なぜなら、他者からの呼びかけによって存在を始めたこの私は、決して明かし得ない原初点からの起動という謎を持ち続けるからである。この私は、自分自身の設計図を描き起こし、それに基づき自らの手で自らを組み上げたわけではない。要するに、この私が出会うことになる最初の他者は、他ならぬこの私なのだ。[12] 取引や合理的な合意形成などとはまったく異なる遙かな超越からの呼びかけに応答を求められるこの私は、あらゆる既定のルーチン、この私が安逸にもこの私の基盤としている既知のかたちをかなぐり捨て、それに対峙することを強要される。しかしその暴力なくしてこの私が存在し得ない以上、この私はその存在のもっとも根源（受動性以前の受動性）において、他者を求め続ける。他者は暴力であり恐怖であり、同時に、存在することへの希望なのだ。この存在論的に同一でありつつ分離への圧を孕んだ矛盾それ自体を、本書は「欲望の二重らせん構造」と呼び、さらに、他者への恐怖と希求を「第一の二重らせん構造」と呼ぶ。

二重らせんと呼ぶのは、他者への恐怖と希望が対となり、らせんを描いて時間と共に互いに離れようとしていく、その動的な構造をイメージしているためである。そしてそれがらせんである以上、限りなく存在の原初点に遡っても、常に中心からの離脱を指向している。同時にこれは、DNAの二重らせん構造のように人間の在り方を決定づけていることの隠喩でもある。ただしDNAが人間の形質発現を完全に確定させるのではないように、欲望の二重らせん構造もまた、人間存在の原理でありつつ、人間の将来を決定論的に定めるものではない。

さらに、私たちは技術を欲望する存在でもある。他者への欲望のために、私たちは技術を必要とする。技術をともなわない他者への欲望は単なる生物学的欲求でしかない。そしてその技術が他者への指向性を持つのなら、すなわちそれはメディア技術を意味する。このとき、メディアもまた相反する要素を内包することになる。それはきみから私への呼びかけを可能にし、それがこの私の存在を起動する。すなわちこのときメディアは無前提の——前提するこの私が存在しないのだから——原理として機能している。だが、その瞬間この私は考え始める。私は私としてのみでも存在可能なのではないか、そもそもそうあるべきではないのか？　実際、私はこの私として存在する限りにおいて、前存在論的領域を知る必要はない。そうであれば、呼びかけは単に不要な暴力でしかない。だから、この私は、この私の存在をより強固にするために他者を利用する道具として、メディアを反転させる。

この時点で他者は、畏怖すべきものではなくただのリソースとなる。しかしなお他者は他者として存在しており、畏怖が転じた恐怖を、この私は自らの存在を守るためにコントロールしなければならない。そのようなメディアのせめぎ合いは、価値や善悪とは一切無関係にこの私がメディアを原理として在る以上必然として導かれるのであって、これを反倫理的とすることには何の意味もない。この、技術による他者からの超越的呼びかけと他者の手段化とが、「第二の二重らせん構造」となる。

メディア技術は自律的に拡大を続け、それにともないコミュニケーションの範囲は拡がるように見える。けれどもその実、他者からは畏怖が失われ、簒奪されるリソースとなる。それは私自身から存在論的根拠を失わせ、最後には空疎で平坦で無限のデータのみが渦を巻く無人のメディア世界が残される。多かれ少なかれ、私たちは現代社会に対してこのような姿を直観している。私たちが生きているこの時代の持つ病理の多くが、このようにして生じていることは確かであろう。

だが、これは人間存在の原初点に刻まれた二重らせん構造の必然として現れたのであり、いずれかの時点で選択を変えていれば避け得たものではない。したがってこれは必然的に異常な社会なのだ。ただし異常とは、正常に対比されるものではない。なぜなら人間が人間であることを始めた時点において、私たちは自然から乖離した存在になっていたからである。私たちは生物学的なヒトであると同時に人間存在でもある。この同時という言葉こそが重要であり、私たちはその存在の原初点において既に異常の刻印を押されている。その異常性がついに誰の眼にも避けがたく映り始めた時代が、すなわち私たちの生きる現代社会なのだ。

言うまでもなく、それが必然だからといって、そのすべてを放置し、容認し、そこで苦しむ人びとを諦観することが本書の目的ではない。この存在論的原理から生まれる必然的異常を正確に描写することによって、初めて、現代社会が抱えている真の問題を明らかにすることが可能になるのだし、その先に、本来の意味で私たちが私たち自身の姿を直視し、異常のただなかに在り、苦しみをともなってなお存在するに値する人間のかたちを知る可能性が現れるのだ。

では、私たちはいかにその探究を進めるべきだろうか。

第一に、技術的にこれらの問題を解決するという技術的改良論は、個々の具体的技術が引き起こす諸問題に対しては対症療法的な有効性を持ち得るし、またその限りにおいて必要でもあろう。技術はそれ自体において「すべてが機能している」と言うハイデガーは正しい。[13]だが彼も続けて言うように、そこには技術の本質に対する理解なしに拡大し続ける技術が持つ不気味さが潜んでいる。また、本書では法的規制も技術に含むが、これも同様に、技術が引き起こす問題をどのような手段によって解決するかという技術的地平を前提としているため、人間存在の原理がもたらす問題に対しては結局のところ応答できない。この根底にある失敗は、人間は技術をコントロールできるという誤認にある。そうではなく、技術は動的で矛盾を孕んだ人間の根本要素なのだ。したがって、一見真逆の立場のように思える反技術主義もまた、本来の人間性を擁護しているようでありつつ、技術を虚構としての人間本性に後付け／外付けされたものとして取り外し可能であるかのように語る点において、まったく意味を持たない。

第二に、自然も含めたあらゆる他者を仮想化するようなメディア技術の極度の深化に近代的人間観を対置し、その虚構の地点から現代社会の問題を批判する立場も無効である。近代的人間観の本質が、理性的な市民のアソシエーションによって自由かつ平等な社会を築くべきであり、かつ築けるという思想にあったとすれば、それは欲望の二重らせん構造を無視したものでしかなく、その虚構としての人間観は、そこから外れた人びとに対する脅迫として、病理であるという断言として、排除、さらには強制的教化として機能することになる。

ニートや引きこもり、ネット廃人は惨めな敗残者の姿であり、救われなければならない。救われたその姿とは、日差しの下に歩み出でて社会に貢献し、人と交わり、豊かな人間性を築くようなものである。そのような理想が語られる一方で、しかし治癒され教化された彼らが出ていくその社会とは数々の失敗と病理に塗れた社会でもあり、私たちは理性によってその問題を解決していかなければならない。これは現実から乖離した近代的人間観への固執でしかない。病理に塗れた社会に病理に塗れた人間は救えないし、その逆も同様なのだ。全体が落下しつつある大地に住む人間がその大地を引きとどめることは、ミュンヒハウゼン公でもない限りできはしない。ここに在るのは強迫観念としての理念でしかなく、だから、私たちにはどこにも救いはないし、逃げ道もない。

しかしそもそもその前提が間違っているのだ。技術によって毒されていない自然本性に根差した人間存在も、理性によって技術の暴走をコントロールできるような人間存在もどこにも在りはしない。

この点において、媒介項としての技術という観点から近代倫理学を批判しているピーター=ポール・フェルベークの議論[14]は興味深い。彼は技術が社会のあらゆる側面に浸透している現代社会において、近代的自律的主体を基盤とする倫理学が限界に達していることを鋭く指摘している。技術を「人間の条件の一つ」としてこれまでの倫理学における議論を「「外在主義的」アプローチに支配されている」[15]というフェルベークの主張は、その点においては本書と近い。しかしフェルベークの議論は、技術と人間の関係を相互作用やハイブリッドとして表現している点において、最終的に彼の批判する外在主義に接近してしまっている。実際、設計における道徳で語られる倫理は、本書で言う技術主義とほとんど見分けがつかない。だから彼にとっての倫理は、「人間と技術の相互関係を、なるべくいい形に形成すること」であり、「技術と倫理的問いを同行させ」「善い生についての実り多い議論をするための公共空間や対話の場所を作ること」[16]の重要性を訴えるという、つまるところこれまでの人文学的言説から離れることのない、常識的で楽天的な議論を脱することができない。

だが、いまのところ私たちは、これらの立場によってしか現代社会を捉えることができないし、人間存在を語る術を持っていない。しかしもし私たちが技術を正しく用い、自由で開かれたグローバルな共同体を作ろうと本気で信じているのなら、それは現実への理解を拒み不可能な地点を目指し続ける妄執でしかない。そのとき私たちは、そうでない他者に対してそうであるよう暴力を以て強要し、また自らに対してもその暴力を振るうことになる。あるいはまた、全面的にこの現代メディア社会に適応しているかのように何の違和感もなく生きる者がいるのなら、それもまた深刻な病理である。デジタルネイティブという異様なまでに浅薄で技術主義的な言葉が示しているのは、この社会の在り方を原理的に批判する観点を、もはや人間は持ち得ない時代になるということだ。[17]

ところで、欲望の二重らせん構造について考えるとき、人類が私を在らしめ畏怖すべき神についてどのように応答してきたのかを振り返るのは意味があるだろう。神とはすなわち、他者原理における他者の究極的なかたちである。

この私に存在論的に先行する他者を、私たちは決して知ることはできない。それでも私たちはそれを未知から既知へと引きずり出そうとせずにはいられない。それゆえ、私たちは他者を名付ける。不明な他者を名付けるのは、私たちが畏れるものを畏れるままに受け入れるためであると同時に、畏怖を飼い慣らすため、理解するため、取引するため、安全なものにするため、所有するため、管理するためでもある。創世記に見られるように、(18)名付けるということは管理／支配のための基本的な手段である。

他方で、出エジプト記におけるモーセと神の対話にあるように、(19)名づけが届かないがゆえに他者原理が露わになる場合もある。名を問われた神は「わたしはある。わたしはあるという者だ」と答え、モーセの問いかけそのものを無効化する。だから私たちは主《アドナーイ》として神を呼ぶしかない。これらの例は、私たちが畏怖すべきものへの対峙をどうしようもなく迫られたときにどうしてきたのか、その原初の在り方をよく伝えている。

楔形文字は家畜の頭数管理などに使用されたが、他方で『ギルガメシュ叙事詩』（紀元前三千年頃）のように優れた叙事詩を残してもいる。他者を愛し、つながろうと願い、失うことを恐れ記録し——だがそれは最終的には不可能であるがゆえに狂気を生み出すだろう——同時に管理し支配しようと欲望すること——これもまた手放すことができないまま結局は破綻するがゆえに狂気を含んだ執着を生み出すだろう——のらせん運動の中で、その分離しようと勢いを増していく遠心力を原動力として、人類は歴史を積み重ねてきた。

そしてそこでは同時に、人間が人間で在り続けてきたこともまた事実であるのなら、そこに働き、私の存在が、そしてきみと私の共同性が四散するのを防いできた向心力も在ったはずだ。

二重らせんは歴史とともに拡大していく。技術への欲望はある時点で満たされ、その拡大を止めるようなものではない。技術が進展すればするだけ、他者との交感の可能性が高まると同時に、管理と支配の可能性も強化されていく。そしてそれは他者への欲望に反射し、私たちは畏怖すべきものとしての他者をこの私への脅威として排除しようと、あるいは安全なリソースにしようと望む。

この二重らせんの拡がりは、近代以降、極限までその破断への緊張を高めていくことになった。私たちは近代的人間観により、主体としての、個としてのこの私であることの価値を全面化された時代を生きている。そして同時に、科学技術の進展は、あたかも他者などこの私の存在にとっては不要であるかのように思わせる。だが主体など幻想に過ぎないし（だからといって無意味である、あるいは無力であるということではまったくない）、他者は相変わらずそこに厳然として存在し続けている。このギャップこそが、現代を生きる私たちが抱えている存在への不安の原因となる。

その破断の圧に耐えきれなくなった者は引きこもりやネット依存という病理として扱われるが、しかしそれは存在の原理の先にある種の必然性をともない現れたものであり、この意味において正常な反応である。真の病理とはむしろ、人間存在の原理を理解せず理念に囚われた人間観により現代社会を生きる人びとの生を病理として糾弾すること、あるいは技術へ過剰適応することにこそある。[20]

見かけ上は他者を必要としなくなったこの私において、他者は無限に利用し得るリソースであり手段でしかなく、畏怖を濾過された透明なデータでしかない。私たちは飽くことなくどこまでも他者を喰らい続ける。単独で完成されるこの私はその外部にいかなる存在論的根拠も求めることなく永遠のものとなるだろう。私たちは二重らせん構造の拡がりがもたらす破断の苦痛に耐える必要などないままに、どこまでも単調に、自らのみにおいて完結した欲望に駆動され、それぞれの孤立した宇宙のなかを遠ざかっていく。

だが、この私が他者なくしては存在し得ないという原理自体は変わらない。そしてまた、この私の孤絶した矮小な宇宙の外に現実として他者が在り続けるということも変わらない。それゆえ、私たちがこの病理について正しく理解しようと思うのであれば、メディアとは何か、それが人類の共同性の営みの中でどのように他者とこの私とをつないできたのかについて、改めて捉え直していかなければならない。

全体性とメディア

そもそもメディアとは何か。それは何らかの情報を伝達するために二者間を介在するものであり、ラテン語 medium の複数形から来ている。マーシャル・マクルーハンはメディアを人間の能力を拡張するものであると考え、[21] またヴァルター・ベンヤミンは「人間の知覚が形成される方式」[22] として知覚のメディアを定義し、それが自然的制約だけではなく歴史的制約も受けるとした上で、現代における知覚のメディアの変化を複製技術によってアウラが消滅したことの結果であると考えた。

本書ではとりあえず、メディアが中世において広義に「性質や程度の中間にあるもの」を意味していたように、メディアを「あらゆる二者を介在するあらゆることとも の」と緩やかに定義しておこう。例えば森に生えている木は、何らかの人為的加工を受けたのではない限りメディアと思われることはない。だが、それらが代々自分の家が管理してきた森であり、自分の祖先たちが植林した木であると知っていたら、私たちがその木を伐採するとき、その木は、私たちに対してかつて生きていた祖先たちの存在を伝えるメディアとなる。あるいはまた、森林水文学者であれば、その木々の下のリターを観察することにより、その森林を含む地域生態系全体の物質循環についてのメッセージを読み取るかもしれない。

また、放射性核種は、種類によっては極めて長期に渡り放射線を放出する。それが放射性廃棄物に含まれるものなら、それは私たちの世代が為したことを直接後代に伝えるメディアとなり得る。フィンランドやフランスにおける事例(23)に見られるように、いわゆる通常の意味でのメディアによって放射能汚染の危険性を後代へ確実に伝えることに非常な困難がともなうのは、皮肉としかいいようがない。

ある契約について電話越しに合意形成を行なうときのように、主体としてのこの私ときみを特定のデバイスが仲立ちするといった限定的な理解を超えて、メディアの本質を考えてみよう。

例えば本の場合、ある人びとは紙媒体であることを望む。それは単に紙媒体がユーザーインターフェイスとして多くの点で電子書籍よりも遙かに優れているからだけではない。その固有の感触や匂い、重み、汚れ、ページを捲るときの音、そして周囲の状況といったあらゆる事物を含めて、その誰かは選好している。そしてまた、そこでは人の手を介していることも重要視される。ここには確かに、本というメディアが著者と読者を結びつけるということを超えたメディアの全体性が現れている。要するに、メディアは単に特定の情報を特定の方向に伝達することのみを目的として定義されるようなものではない。それは常に、全体としてしか存在し得ないものなのだ。

だが、ここで私たちは疑問を抱く。もしメディアが全体として捉えられるべきものなら、なぜ紙媒体と比べ、電子書籍に対し直感的違和感を覚える人びとがいるのだろうか？　工業製品という点では紙媒体の書籍においてもまったく変わることはない。その紙は情報技術により生産管理された森林から得られた木材資源を原料として、機械化された工場で生産されたパルプを基にして作られ、同様に情報技術により管理されたロジスティクスによって海外から輸入され、原稿ははじめから電子化されオンラインで入稿され、表紙もまた高度な画像処理ソフトによりデザインされている。執筆も校正も編集も製本も出荷もすべてがオンラインでスケジュール管理されているかもしれない。中世における彩色写本でもない限り、そこに人の手の介在を示し得るような余地が残されているのだろうか。他方で、もしそうであるのなら、電子書籍もまた同様に、人の手の介在が残されているとなぜ言えないのだろうか。

むろん、そこには差異がある。だがそれを理解するためには、単純なデジタル／アナログといった二元論ではない観点が必要となる。その差異を明確化するためにも、技術を技術単体で捉えるのではなく、全体からメディアを理解しなければならない。単に個別に在る客観的事物の各々の関係性としてではなく、私の欲望と、そしてその時点と地点に歴史を引き摺りつつ現れているすべての他者の総体としての場のなかで、そのうねり全体の動因でもあり結果でもあるものとして、メディアは現れる。

一八四二年にチューブ入り油絵具が発売された(24)ことにより可能になった油彩と、将来的に脳へ電極を差しこみ、イメージを直接出力できるようになったときの表現形態を比較するとしよう。そのとき、油絵具と電極は同じ次元で捉えられないのではないのか、あるいは電極によって描かれるイメージを芸術と呼び得るのか、という問いがあるとすれば、全体という視点はその問いの背後にあるバイアスをまず無効化し、その電極を焦点として現れる巨大な歴史的／存在論的な総体を捉えようとする。それは、独立して存在する道具や表現形態からメディアを語るのではなく、それが存在している時代や存在するに至った歴史のすべてにより絶対的固有性を与えられたきみと私の関係の全体として、メディアを理解するということだ。

また、例えばパーソナルファブリケーションによって誰もが芸術作品を生み出せる時代が訪れるのは真か偽か、という問い自体の無意味さについても私たちは気づかなければならない。これは「子どものころからスマートフォンを持つことにより人間の成長が阻害される」という言説の是非を巡る一般的な情報教育、情報倫理における議論にも共通している誤った問題設定の典型例であり、どちらの意見に与するにせよ、スマートフォンを与える（技術を適切に扱える／扱えるように導く）か、与えない（任意の技術を人間の意思でもって堰き止め得る）か、という広義の技術主義[25]から一歩も出ない、少なくとも存在論的には無意義な問いでしかない。そうではなく、人間存在がなぜパーソナルファブリケーションを可能にするような技術を生み出し、その技術が現出したことによってさらに人間存在がどのような変容の圧を受けることになるのかという、その場の全体を問わなければならないのだ。

全体性と同時に、私たちは、メディアを通して現れてくる他者の迫真性についても忘れてはならない。全体とは、メディアが薄められ、茫漠とした荒野に点在した他者たちが揺らいで見えるような状態を指しているのではない。むしろ逆に、その全体を通して私たちの眼前に徹底して固有の他者が立ち現れ、避けようもなく私たちに迫る。ここで具体的な各メディアにより顕現する他者の迫真性のグラデーションについて問うことはまったく無意味である。それは結局のところ直接的対面関係だけを特権化し、現実の私たちが生きている、現代メディア技術が溢れたこの世界への真摯な分析を放棄することにつながる。また同様に、そのような他者に対して単純に私たちが責任を持つべき、あるいは持ち得るとして、グローバル化した世界における現代メディア技術の使い方を理念的に述べることも現実的ではない。それは技術のもたらすものを功罪に分け、その功を増加させようとしつつ実際には（それは存在の原理から生み出された、価値判断以前の分けようのないものなのだから）功罪全体を増加させる。

目の前で苦しむ見知った他者を救うか、あるいは地球の裏側で同じ苦しみに喘ぐ一生会うことのないモニター越しの他者を救うか、どちらが私たちに他者に対する責任＝倫理を問うのかという設問は、別の倫理的枠組みにおいては意義を持つとしても、少なくとも本書においては完全に論点から外れている。それは比較し得る対象ではなく、問うべきなのは、むしろなぜ私たちはそのようなメディア越しの他者に対してさえ責任＝倫理を感じ得るのか——もし何も感じないのであれば、私たちは現代メディア社会における人間存在の危機など問題にしていないだろう——ということだ。この貫通《ペネトレーション》、すなわちメディアを通した他者の顕現こそが、メディアが私たちの存在にとって欠かすことのできないものであることを証明する。メディアは私たちを囲む安全な防壁などではなく、あらゆる時代、あらゆる場所から、私たちの眼前に避けようもなく他者を呼び寄せる。私たちはそれを理念としてではなく、価値判断や選択としてでもなく、存在論的な原理として直観している。

ペネトレーション（penetration）は、貫通だけではなく、浸透、洞察、看破、眼光、根入れなどを表す多義的な語だが、ここでの貫通には、これらすべての意味を含めている。それは避けようもなく私を貫くきみの眼光であり、他者が在るという直観であり、あらゆる他者との痛みをともなった官能的な交感でもある。

だが、もしこの貫通があるのであれば、そしてもし現代メディア技術においてさえこの貫通があり得るのであれば、現代メディア技術の進展と拡大は、むしろ私たちに、マーシャル・マクルーハンの言うグローバル・ヴィレッジ(26)のようにこれまでになかった規模での他者との共同性をもたらし、あるいはそこでの責任＝倫理関係を実現するのではないだろうか。けれども現実に見られるのはその逆であり、現代メディア技術はむしろ私たちの共同性を喪失させ、責任＝倫理からの逃避を可能にしているように思える。

この観察は正しい。ただしその正しさは、技術が人間存在から分離し得るものであり、人間はそれをどう使うか、あるいは使わないかという次元でコントロールできるという技術主義に基づいている限りのものでしかない。そこでは、技術それ自体の人間存在との分かちがたさも、また貫通が持つ避けがたさも、完全に見落とされている。

ここまで、私たちはメディアについて語るための準備をしてきた。全体性と貫通は存在論的メディア論における中心概念となる。私たちが一般的にメディアと呼んでいる個々の技術は単純にその存在する場から切り離し可能なモノではなく、その背後の遙か彼方から、空間的／時間的な広がりを持ったきみが貫通して私の前に顕現する。そのようにして、私たちは互いに役割を交換しつつ相互貫通《コ・ペネトレーション》し合っている。その構造の全体がメディアである。後に改めて詳しく定義するが、この動的な構造を、本書は「メディオーム（mediome: media+ome）」と呼ぶ。そしてこの相互貫通こそが、私たち人間存在の根源に在る二重らせんの破断の予感に対して、苦しみを与えつつもその存在を可能たらしめていた向心力の正体なのである。このようにしてメディアを理解することにより、私たちは単なる技術主義を超えて、人間存在に重なるかたちで技術を語ることができるようになる。

私はその生において得たものをやがて必ずすべて失う。そして私自身もまた必ず失われる。にもかかわらず、私も、私を生み出したきみも、その全体のごこかに常に残り、伝えられ続ける。それは私たちが持ち得るもっとも強固なものであり何度でも再生されつつ、柔軟に何度でも再生するだろう。

けれどもそれだけではない。本書が問おうとしているのは、現代社会において、私たちのコミュニケーション形態がいかに変容しているのか、そしてその原因は何かである。ここまで明らかにしてきたメディアの原理的構造を踏まえた上で、ここからは、そこで同時に現れてきている根本的な変容について考察していこう。

プンクトゥム

もし私たちの共同性が本質的変容を遂げたのなら、それがいつ、何によって起きたのかを明らかにしなければならない。本書では、メディア技術の歴史を、人間存在の原理的構造である他者への欲望と技術への欲望、そしてそこにある二重らせん構造の拡がりの歴史として捉えている。私たちがいま直面している存在に関する諸問題は、私たちが本来的に持っている二重らせん構造の破断への圧がある時点において臨界を超えたことにより引き起こされた。私の存在の根源に在る他者への畏怖は、技術により見かけ上消滅する。他者はもはやこの私のために効率よく支配され管理されるべきリソースでしかない。意のままにならない他者によらずして自己を永遠かつ無限に存在させ得るとき、他者との交感を目指していた私たちの欲望は、完結した自己としての永遠と無限への欲望に変化する。しかし現実には相変わらずそこに他者は在り、それゆえ、その在り得ざるべき他者は恐怖や嫌悪の対象として、あるいは排除すべきものとして現れ、危機に曝された永遠と無限への欲望はますます捻じれたかたちで自らを肥大化していくことになる。

私たちに、他者が不在の永遠という誤認を与える典型的な例が、デジタルデータの持つ複製可能性である。多くの人びとが、保存していたデジタルデータが壊れ、慌てた経験を持つだろう。にもかかわらず、私たちはなぜかデジタル世界が永遠だという言説を無批判に受け入れている。そしてその複製可能性ゆえに、生命性や他者性がそのリアリティを喪失していくなどとも批判する。だが少なくともいま私たちが生きている社会の文化的、技術的水準においては、永遠であることと複製容易であることとは同一ではない。従来のHDDやSSDであれば、石に刻まれた文字の方がその数十倍、数百倍の年月を耐え、凌ぐだろう。では複製可能性が示しているものとは何か。このことを理解するために、ジャン・ボードリヤールのシミュラークルに関する議論について見てみよう。

デジタルメディアに対するボードリヤールの議論は、単純な複製可能性についてというよりも、むしろそれがオリジナルを持たないことに向けられている。モノに完全な複製可能性があるとは何を意味しているのかについて、ボードリヤールは次のように的確に指摘している。

あるモノとまったく同じモノが複製可能だという事実だけでも、すでにひとつの革命といってよい。〔……〕技術の結果であるこれら二つの生産物が社会的必要労働という点で等価であるという事実は、長い目で見れば、同じモノが大量生産されるという事実（労働力としての個人の場合も同様である）ほど本質的ではない。[27]

このような時代において、モノの在り方は、オリジナルに対する複製であることにその本質を持つのでも、複製技術によって大量生産されることにその本質を持つのでもない。そうではなく、もはやオリジナルが存在しないなかで、最初から複製であるという認識に基づいて作られた「モデル」の差異の変調にすぎなくなるということだ。「要するに、ここでは2個あるいはn個の同一のモノが大量生産される可能性が問題となる。これらのモノ同士の関係は、もはやオリジナルとその模造品の関係でもなければ、アナロジーや反映の関係でもなく〔……〕互いに相手を規定しようのない無限のシミュラークルとなる」[28]。それは単に生産されるモノの在り方を変えるだけではなく、現実の在り様そのものさえ変容させていく。「現実的なものの規定は、それに等しい複製の生産が可能なものということだ。〔……〕この複製過程では、現実は、単に複製可能なものではなく、いつでもすでに複製されてしまったもの」[29]となるのである。そうしてそのとき、この生産の主体であったはずの人間もまた、シミュラークルとなってしまう。

ベンヤミンもまた、「複製がひとたび生じると、こんごは、あらかじめ複製されることをねらった作品がさかんにつくられるようになる。たとえば写真の原板からは多数の焼付が可能である。どれがほんとうの焼付かを問うことは無意味であろう」[30]と述べている。

彼らの指摘は正当だが、同時に、このこと自体をそのまま直接、きみと私の関係性について当て嵌め、それゆえそこに一切のリアリティを認めないとするのであれば、それはあまりに私たちの生の実感からかけ離れたものとなるだろう。ではなぜそれはかけ離れているのだろうか。そこで、次に、遠くの他者を伝える典型的なメディアとしての写真について、ロラン・バルトの議論を参照しつつ考えてみよう。

バルトは写真と他のメディアとを区別する最大の特徴を、メディアそれ自体の不可視性に求めている。絵画の場合、描かれた対象が実際に存在するかどうかは鑑賞者には分からない。むしろそこで鑑賞の対象となるのは、画家の表現であり、主観である。私たちは描かれた対象ではなく、画家の作風を観ている。しかし写真を見るとき、私たちは写真それ自体を見てはいない。絵画とは異なり、写真は被写体という存在そのものを写すことに意義があり、写真というメディアそのものは私たちの目には触れない。

写真の撮影技術や、それが文化的なコンテクストのなかで何を意味しているのかを考察することは可能だろうし、また一般的に写真論で語られるのはむしろそういったものごとであるかもしれない。バルトはこれらの要素をストゥディウム(studium)[31]と呼ぶ。

しかし真の意味で私たちに衝撃を与える写真は、このストゥディウムだけではなく、もう一つの要素も必ず同時に持っていなければならないとバルトは言う。それがプンクトゥム（punctum）[32]である。

例えば一葉の人物写真を想像してみよう。そこに写された人の服装や装飾品、背景によって、私はその人物が属する文化や社会的地位を、そしてその写真が撮られた状況を推測することができる。私は客観的な立場から安全なままにその静的な写真を分析する。だがそれだけではない。なぜか分からないが私はその写真の人物から目が離せなくなる。そこに写された何らかの細部が避けようもなく私に迫り、突き刺さる。その何かがプンクトゥム（刺し傷）なのだ。おそらく私たちの誰もがそのような写真に出会ったことがあるだろう。プンクトゥムは予測不可能であり、だからそれがその人物写真のどこに――鋭い眼光に、謎めいた手つきに、あるいはその他のどこかに――生じるのかは分からない。それでもそれがあれば私にはそれが必ず分かる。ストゥディウムとは異なり、そのときその場にあるのは、写真の前に無防備に曝されプンクトゥムを受けるこの私の徹底した受動性でしかない。

このとき、写真に写されたものは、もはや写されただけのものではない。「この荒涼たる砂漠のなかで、とつぜん、ある写真が私のもとにやって来る。その写真は私を活気づけ、私はそれを活気づける」[33]。バルトはこれを「相互本来的（co-naturel）」[34]と呼ぶ。では、既に存在しないかもしれない被写体をこの私が活気付けるとは何を意味しているのか。

通常、写真においては、写真の画像とそれによって示される指示対象とは分けて考えられる。しかしプンクトゥムによって私を貫く写真は、そのときもはや写真の画像と指示対象とに別けられるようなものではなく、それ自体で私に迫るものとして顕現する。そのとき、写真はそこに写されたものに「それは＝かつて＝あった」[35]というごうしようもない事実性（バルトはそれを「手に負えないもの」と呼ぶ）を与える。したがってバルトにとってプンクトゥムをともなった写真とは、単に記憶を意味しているだけではない、存在それ自体への確信なのである。

写真が持つこの相互本来性は何によって根拠づけられるのだろうか。それは、被写体と画像との間にある物理的な連続性によってだとバルトは言う。被写体に反射した光がレンズを透過しフィルム上の感光物質を変化させ、化学処理によってネガが得られる。それが印画紙に転写され、私たちはその像からの反射光を網膜上に捉える。この連続性によって、私たちは被写体を単に眺めるだけではなく、その存在を直接的に経験できるのである。

だとすれば、いま私たちの身近な存在となったCGやVRについてはどうだろう。ベンヤミンの言う複製技術がさらに進展し、アナログからデジタルへと変わったとき、デジタル写真における最終的な現実／オリジナリティの消失が訪れたことをボードリヤールは強調する。デジタル技術によって「イメージを合成する操作には、もはや準拠枠は存在せず、現実自体が、ヴァーチャル・リアリティとして直接生産されてしまうので、もはや現実そのものとして出現しなくてすむ〔……〕写真という行為、主体と客体〔被写体〕が出会った瞬間に消滅する、あの一瞬――カメラのシャッターは〔……〕デジタル処理の過程で消滅する」[36]。

デジタルイメージにおけるプンクトゥムの消滅を断言しているボードリヤールの指摘は鋭い。だが、彼のシミュレーション論において語られている対象は、適切かどうかはともかく日本語では仮想現実[37]と呼ばれるVRに限定され過ぎている。

確かに、デジタル技術が進展した結果、私たちはオリジナルとコピーの差異を原理的に失い得る時代に生きている。けれども現実的には、私たちはデジタル化されたメディアを通してなお、そこに現れる他者を他者として扱い、私たちの固有の生を生きている。デジタルメディアに対する原理的批判はむろん必要だが、そのことは、デジタルメディアを通して現れる他者がすべて仮想であるとするような主張を根拠づけるわけではない。途上国で貧困や病に苦しむ人びとのポートレートを眺めるとき、戦争で破壊された街に佇む人びとの映像をTVニュースで一瞥するとき、あるいは歪な開発により荒廃した原生林の写真を目にするとき、それらがすべて捏造されたものだと思うことも、また、しょせんデジタルメディアは他者性を捨象するのだからそこに倫理的責任を感じるのは欺瞞あるいは無意味だと言い放つことも、私たちの日常的感覚からは既に乖離しており、このような言説こそが他者との倫理的関係性を仮想的なものにすることを強化していくのである。

このとき、写真の向こうから現れ私たちに迫る他者が客観的な事実性によって裏づけられているかどうかは本質的問題ではない。客観的に見れば、そこにはただ一葉の写真と、それを眺めている私の知るその写真に付随した主観的知識しかない。だが同時に、その写真を通して立ち現れる他者は単に私の主観でしかないものでもない。他者原理に立つとき、主観と客観という二元軸によって他者を、そしてメディアを分析することには何の意味もない。

ジョルジュ＝ディディ・ユベルマンの『イメージ、それでもなお』(38)に掲載されている、アウシュビッツで撮影されたある写真について考えてみよう［図2］。もし私たちが何も知らずにそれを見るのであれば、そこにはただ、カメラ初心者がのどかな自然のなかで誤ってシャッターを押してしまったかのような、木々の一部が写された一葉の写真があるにすぎない。このことが示しているのは（当然過ぎることのようだが）、必ずしも単独の写真のみにより何かが伝えられるわけではないということだ。それがカメラ初心者による失敗作品のうちの一葉なのか、それともそこで百何十万人もの人間が殺されている現場を命がけで隠し撮りし、幾重もの監視網を潜り抜け外の世界にもたらされた一葉なのか、私たちには判断がつかない。それでもなお、ある写真が私に対峙を要求してくるときにこの私の内面に湧き起こる感応は、客観的史実とは別の次元において、また単純な主観的感情の枠を超えて否定し得ない真理につながっている。

史実としての客観性を明らかにする努力の重要性は、むろん、決して否定されてはならない。ホロコーストについての名著『普通の人びと——ホロコーストと第101警察予備大隊』(クリストファー・ブラウニング、谷喬夫訳、ちくま学芸文庫、二〇一九年)の初版発行から二十五年後に追記された一節「証拠写真—眼識と限界」(三九五-四四一頁)は、「歴史は写真に光を当て写真は歴史に光を当てる」と述べるブラウニング自身による、歴史的な事実を明らかにするための慎重かつ丁寧な写真分析の重要性を示した好例である。本書が主張しているのは、写真に写されたできごとをイデオロギーによって歪曲する歴史修正主義の正当化などではない。

図2　撮影者不詳
《The Sonderkommando Photographs #283》
出典：Dan Stone.
"The Sonderkommando Photographs".
Jewish Social Studies. Volume 7, Number 3. 2001.
pp.131-148.

オリジナルのフィルムとプリントは
失われている。
この写真は1950年代にプリントから
複製されたもの
(アウシュビッツ・ビルケナウ国立博物館所蔵)。

だがそれとは別に、アウシュビッツの内部を写したとされるその写真が本当にその記述通りのものを写し、その記述通りの経緯を経て外の世界にもたらされたのかどうか、一読者に過ぎない私たちの大半は証明することはできない。にもかかわらずその写真が私の手元に送り届けられるまでに関わってきたであろうすべての歴史と空間の広がりの焦点としてのその写真を通し、私に眩く迫りくる何ものかの迫真性こそが私と他者との交感を証明しているのであり、それこそがリアリティを生み出すのである。

さらにユベルマンは言う。「単なるフィルムの切れ端——歯磨き粉のチューブに隠せるほど小さな——が、現像や複製、そしてあらゆるサイズへの拡大を、無限に生み出すことができるのである。写真はイメージそして記憶と結託している。したがって写真は卓越した感染力を備えているのだ」[39]。既に全面的にデジタル化された印刷工程を経て私たちの手元に届いたその複製された写真を見て、なお私たちが彼の言に同意できることこそが、その感染力を物語っている。銀塩写真が化学反応によって感染していくのであれば、その手段がデジタルであるからというだけでデジタルメディアによる複製を他者性喪失の原因とすることには——化学反応とデジタル化との間にある根源的な差異を説明できない限り——説得力などない。

イコンと肖像画

複製可能性、オリジナリティ、真実性……。メディアが他者を伝え得るかどうかを分析するとき、ここでも神と人間との関係が手がかりになる。

キリスト像を作り、崇拝の対象とすることは、旧約において神に禁じられた偶像崇拝ではないのだろうか[40]。水野千依によればこの素朴な疑問は、イエスが神性のみを有するとしたアレクサンドリア学派の単性説と、神性と人性の双方を帯びているという立場を取るアンティオキア学派の両性説との論争として長く争われることになった[41]。最終的に四五一年のカルケドン公会議において両性説が一応の勝利をおさめ、以降、単性説が異端となってから初めて、人として表象されたキリスト像を（通して神を）崇拝することが正当化された。

やがて七八七年、第二ニカイア公会議にて聖像破壊運動が否定され、イコンへの相対的崇敬が公式に指導されることになる。すなわち、私たちはイエスを描いたイコンというメディアを通して、畏怖の対象である神の崇高さを見ることになったのである。

第一に、神が人間を自身の像にしたがって創造し、そのことにより最初に像を造り、像のなかに神性が映し出されうることを示したのは神であったがゆえに、聖像画は正当化される。〔……〕第二に、神は御言葉《ロゴス》を化身させ、キリストを人間としてこの世に送った。目には見えない神の御言葉は、この「受肉」により、人の目に見える存在となった。〔……〕神が受肉により人間の形をとったということは、人間の形や像のなかで神性を人間に近づきうるようにしたことを意味する。したがって神は不可視であるが、人となったキリストの姿によってわたしたちの目に見える存在となる。(42)

偶像崇拝に関する議論の対象として、イコンの他に聖遺物がある。病に苦しんでいたエデッサの王アブガル五世(在位期間紀元前四年－紀元七年、同一三年－五〇年)に対して、イエスは自らの顔を拭ったことによりその顔が写された布を送った。マンディリオンとして知られているこの聖顔布は、人間の手によってではなく奇跡によってイエスの姿を写したものであるがゆえに、アケイロポイエトス(「人の手にならざるもの」を意味するギリシャ語)と呼ばれる。アケイロポイエトスは奇跡によって生み出され聖性を帯びた聖遺物であるだけではなく、それ自体もまた、自らに写されたイエスの姿を他のモノに転写する能力を持つ。さらに、この複製によって(その位階に差異が生じるにせよ)聖性もまた転写されていく。

アブガルはこの聖顔布を都市の城門上にある壁龕に安置したが、異教に改宗した孫によりそれが破壊されそうになる。それを知ったエデッサの主教は聖顔布を壁龕の中に納め、煉瓦と陶製タイルで塞いだ。やがて六世紀、当時のエデッサの主教によりそれが再発見されたとき、陶製タイルにイエスの顔が転写されていた。この聖なるタイル（ケラミディオン／ケラミオン）はまた別の逸話によっても生み出されているが、そのいずれもがマンディリオンと同じように聖性を帯びていると考えられた。

このことは奇跡の客観性については何も語っていない。いま仮に私たちの手元にマンディリオンがあったとして、それを一つの客体として科学的に分析したとき、それによってイエスの顔の現前（貫通）という奇跡が証明されるはずもないし、また証明されなければならないわけでもない。権威のための後付けや捏造さえも含めたマンディリオンを焦点として現れる巨大な広がりという全体のなかでのみ、私たちはその奇跡を観取することができる。

愛する者を記憶に残そうと願うこと、畏怖すべき他者をかたちにしようとすること、あるいはそれにより畏怖を飼い慣らし、権威の手段にしようと欲すること。私たちが持つこの欲望は、やがて肖像画を生み出していく。ツヴェタン・トドロフによれば[43]、肖像画には二つの機能がある。第一に墳墓芸術に見られる祈念としての肖像と、第二にエジプト古王国時代（紀元前二七〇〇－二三〇〇年）におけるファラオの像——ただしこれは未だ個別化されているとは言えないものがある——やポンペイのアレクサンドロス大王のモザイク画（紀元前四世紀）におけるような礼賛としての肖像である。

前者はある個人の死を悼み、あるいはその復活を待つためのものであると同時に、その個人を所有するということ、死を管理可能なものへと転ずることも意味している。後者はその個人に対する崇敬を表わすと同時に、その表象を通して他者に対する支配と管理を正当化あるいは強化するための経路として機能する。

そしてこれらはいずれも、既に存在しない／生涯実際に対面することのない誰かを、時間と空間を超えて伝えることを可能にしている。支配者や英雄が、その容貌の正確な描写よりもむしろ普遍的イメージに基づいた支配者や英雄として本物よりも本物らしく描かれているということは、他者の仮想化やオリジナリティの喪失が、とりたて現代メディア技術に固有の特徴ではないことを示している。このことはまた、欲望の二重らせん構造がどの程度まで顕在化していたかとは別に、常に既に私たちとともに在ったことを示してもいる。だが、他者が完全に仮想化されてしまったわけではない。私たちは芸術と聞いたとき、それが単に美そのものの表象なのではなく、そこに支配や所有が分かちがたく結びついていることを理解している。そしてまた、それがそこに描かれたものの向こうにある他者の貫通を通して、私たちに畏怖や狂気を迫るものであることも直観する。そういった二面性は、しかしデジタルメディアというタームに対しては、まったく理解されることはない。しかしこの二面性を無視したままになされるグローバル・ヴィレッジ礼讃や技術批判は、どちらもまったく意味を持たない。

ヨーロッパにおける肖像画の最古の例の一つとして、トドロフは紀元四〇年から七五年のものとされるポンペイのパン屋夫婦の仲睦まじい肖像画《テレンティウス・ネオとその妻》を挙げている。このときそこに描かれた人びとは、祈念の対象としてでも崇拝の対象としてでもなく、あくまで個人として「愛情の名のもとに」[44]描かれているのであり、それゆえトドロフは肖像画の第三の機能として「愛情に寄与するもの」を加える。私たちは愛する誰かを肖像画として記録し、その肖像画を所有する。私たちは描かれることにより、私たちの実際の生の長さから考えれば事実上永遠の生命を得ることができるし、そうであるのなら、所有し得るその肖像画こそが私たちの実体であるとして何を困るだろう。けれども一枚の絵は、ただ一枚の絵でしかない。確かにそれは愛する誰かを現出させる。だが、私たちはさらに欲する。もっと別のあの人の姿を。さらに別のあの人の姿を。誰もがそれをできるようになるまで、私たちはまだ二千年待たなければならない。

肖像画は、キリスト教の隆興により一時的に歴史の表舞台から姿を消す。第一ニカイア公会議（三二五年）および第一コンスタンティノポリス公会議（三八一年）において否定され異端とされたアリウス派は、イエスに神性を——少なくとも神と同等には——認めなかった。アリウス派はニカイア派と激しい神学論争を引き起こし、その後のキリスト教ドグマの形成にも大きな影響を及ぼした。ただしキリスト教において絵画そのものが否定されたわけではなく、教義を伝えるためのメディアとしてはその意義を大きく認められていた。このとき、絵画は基本的に意味を示すイコノロジー的なものとなっていく。だが、それは教会という権威が民衆を無知なままに留めておくための優れた管理方法としても機能することになった。

歴史として肖像画というジャンルが再び歴史に現れるのはルネサンス期に入ってからとなるが、まずはそれを導く土壌として、十五世紀の「個人的な体験や貧しい人びとの尊厳を強調する」[45]近代的信仰の潮流があった。そもそも創世記においても、神が自らの被造物を観て「それは極めて良かった」[46]と言っている以上、人間を、そして自然を描くことは、それを創造した神を賛美することでもあり、またその描かれた被造物を通して神を賛美することでもあった。

いずれにせよ、イコン、マンディリオン、そして肖像画に複製された他者は、支配と所有の道具でありつつ、なお畏怖を失わなかった。デジタルメディアの持つ複製可能性と、それは何が異なるのだろうか。

世界のデジタル化

コンピュータとインターネットという言葉は私たちにとって「古き良き時代」を感じさせるレトロな言葉にさえなってしまっている。だがそれは字義通り古びてしまったのではなく、影響力を失ったのでもない。それは低コスト化と極小化により遍在する無数のデバイスのネットワークとして、私たちの生の環境そのものになり、技術として不可視化されているに過ぎない。以降で述べるように、コンピュータ（プログラム内蔵方式）により、そしてインターネット（通信の数学的理論）により、他者とは何か、そして他者と交感するとはどういうことなのかについて、人類は決定的な歴史的転換を経験することになった。

コンピュータの特徴は、大量のデータを素早く正確に処理できることにあるのではない。その本質は、現在主流を占めているノイマン型コンピュータにおけるプログラム内蔵方式、すなわち命令とデータを区別することのないアーキテクチャにある[47]。現在ではごく当然のこととされているこのアーキテクチャには、しかし重要な変化点が隠されている。

現代メディア技術を経由して何らかの情報を取得するとき、しばしば私たちは、そこで得られる情報がすべてデジタル化されていることを問題視する。例えばシリア内戦で破壊しつくされた街をスマートフォンの超高精細ディスプレイ越しに眺めるとき、それがいかにリアルに見えようと、現代メディア技術は他者の苦しみを0 1に介在された他人事に過ぎないものへと変換してしまうのだ、と私たちは批判する。だが、このような批判は、むしろ他者の仮想化／抽象化を強化することによって現実世界に対して私たちが負うべき他者への責任＝倫理を放棄する口実を作り出しているに過ぎない。

そしてもう一つ、ここで私たちが直面している原理的問題があり、それが上述したプログラム内蔵方式となる。これにより、処理されるデータだけではなく、処理をする主体もまた、完全に同一の地平に置かれることになった。このとき、仮想化／抽象化されていくのは他者ではなく、むしろ超高精細ディスプレイに映し出されたもののみが世界である――そこから零れたものごとは、世界の外へと零れたものごとであるがゆえにそもそも存在しない――とする私たちの世界観である。

プログラム内蔵方式の登場は、言語の獲得に並ぶ転換を人類にもたらした。とはいえ、言語と同様、これもまた歴史のある一点において突如発生したものではない。ジョージ・ダイソン(48)はプログラム内蔵方式の源流を十七世紀のホッブスからライプニッツに求めている。やがて一九三六年、アラン・チューリングによりチューリング・マシンが考案され(49)、一九四六年のＥＮＩＡＣ運用開始へと至る。人類の歴史は、このプログラム内蔵方式によって、その前後に別たれることになった。もはや思考は人間だけのものではなく、機械のものになったわけでもなく、データと思考が等値化され等価交換可能になったという事実こそが、この革命の本質である。

私たちは、ウィンチェスター写本のような美しい彩色写本から立ち上る古い紙の匂い、そしてその重みと感触が、ネットからダウンロードできる欽定訳聖書のデジタルなテキストデータに置き換えられ、タブレット上で読まれるものとなったとき、そこで何かが失われてしまったと感じる。だが同時に、そこでデジタル化されているのは、それをダウンロードしている私たち自身であることも、私たちは否定し得ない。すべてがデジタル化されるとは、私たちが手にするモノのすべてがデジタル化されるということでも、私たちの手が——例えば3Dプリンタによって出力された義肢によって——デジタル化されるということでもない。そこではその手によってそのモノをつかもうとするこの私がデジタル化されているのだ。

このとき、他者原理は決定的な変質を被ることになる。本書ではこの歴史的転換点をデジタル化と呼ぶ。後に見るように、ユルゲン・ハーバーマスは遺伝子操作に批判的だが[50]、それが倫理の基盤である人間の身体そのものを揺るがすからだという点において、彼の懸念は正しい。同様にこのデジタル化もまた、他者原理によって決定づけられていた人間の在り方を根本から変容させる。デジタル化を通して処理対象であるデータとなった他者は、もはや決して解かれることのない謎を私の中心に残し続ける怖るべき他者ではない。

プログラム内蔵方式と並びデジタル化の基礎を切り拓いた概念として、クロード・シャノンの「通信の数学的理論」[51]（一九四八年）がある。私たちはこれを一つの理論的基盤として実現された情報通信ネットワークにより、日常の細部にまで及ぶコミュニケーションの形式を決定づけられた時代を生きている。シャノンの議論は、あくまでノイズと信号伝達について考察していたのであり、そこに意味は内包されていない。ノイズの不在こそがコミュニケーションの理想であり、私たちはその究極的なゴールに向けて、コミュニケーションの様式を適合させていく。もはや他のコミュニケーションの在り方を私たちは想像することができない。

このノイズは重要な示唆を与えてくれる。そこで、アルフォンソ・リンギスとマックス・ピカートによる、ノイズとコミュニケーションについての優れた研究を見てみよう。

リンギスは、通常のコミュニケーションに先行する、より根源的なコミュニケーションについて分析している。通常、私たちの共同体はあるコミュニケーション形態を共有している。そこでは共通の規則にしたがってデータが交換され、その解釈もまた共通の規則にしたがって為される。このようなコミュニケーション共同体は、「みなが同じ側に立ち、お互いどうしが〈他者〉ではなく、全員が〈同じ人間〉の別形にすぎない対話者たち」[52]から構成される。原理的に他者が存在しないこのコミュニケーション共同体では、語られる内容のみが重要であって、それが誰によって語られるかは非本質的なこととなる。この共同体においては、私が他の誰でもない固有のこの私である必要はない。むしろそれは、誰がどのように語っても真理はその真理性を失わないというコミュニケーションの前提に対する脅威となる。しかし、すべての雑音が失われたコミュニケーションには二つの問題がある。

第一に、そこには暴力の構造が隠蔽されている。眼前に現れた他者との、同じルールを共有した者同士による取引でも交渉でもない手探りの交流として始まったコミュニケーションは、しかしそのコミュニケーションにおける規則が確立されていくにつれ、その規則の外部にある者を「意味をなさない者、迷わされている者、狂人、あるいは獣のような者であると呼び、暴力へと引き渡すようになる」(53)。結局のところそれは、普遍性の強要でしかない。

そして第二に、誰がどのように語ろうと語られる内容には影響しないコミュニケーションによって結ばれている限り、私たちは自分自身の固有性を確信することはできない。代替可能性が要求される場において現れるのは常に交換可能な誰でもであって、この私ではない。いまこの場にいる私は、私とまったく同じであった他の誰かの跡に入りこんだ影に過ぎず、やがては自分と置き換え可能な誰かに取って代わられることになる。そしてコミュニケーションは何の変化もなしに永遠に続いていく。無限に繰り返される置き換えの連鎖のなかで、人はその無貌かつ無名の一部分を占めるに過ぎない。それゆえ、私たちは不安になる。私とはいったい誰なのか、私はいったいどこに存在するのか。私はその確証を得ることができない。

このようなコミュニケーションの陰画として現れるのが、「本質的なのは、きみ自身、きみが何かを語ること」(54)、すなわち、語られる内容ではなく、きみが他ならぬきみ自身の声で語ることによってのみ可能となるコミュニケーションである。「口ごもり、叫び、不明瞭な発音、ささやき、ゴロゴロという音、クークーという音、笑い、私たちが一緒にいるときに発するすべての雑音」(55)。そしてこのノイズは、死の看取りの場において究極的に現れる。きみが死に往く誰かを看取るとき、そこではもはや、合理的な、理性的なコミュニケーションは意味を持たない。死の恐怖を和らげる普遍的マニュアルは存在せず、にもかかわらず、きみはその死に往く誰かを見捨てて逃げることはできない。きみはその恐怖と苦しみに、その死に往く誰かと取り残され、呻き、触れ、あるいはただ傍に居るだけしかできない。けれども同時に、それはきみにしかできないコミュニケーションであり、置き換え可能なコミュニケーションでは決して為し得ない救いと癒し、あるいは意味を、その場にもたらす。その混乱し切迫した音の営みが、合理的、理性的コミュニケーションの対極にあるものとしてのノイズのコミュニケーションである。それは一回性のものであり、固有のものであり、無意味であるにもかかわらず絶対的な意味を持っている。

リンギスにとって、デジタルネットワークにより満たされた社会は、ノイズが排除されたコミュニケーション世界の一つの完成形である。そこでは「あらゆるものがデジタル・コード化されたメッセージやイメージや幻影へと還元され、ひとからひとへと瞬時に伝達され」[56]、「技術が支配する都市社会のなかの快適で安全な部屋で、私たちはコンピュータ上で出会い、互いの考えを読みあう」[57]だけとなる。

確かに、いまや私たちは、あらゆることをデジタルネットワークによって伝えることができる。SNSやライフログといったサービスはそれを強化し、私たちの日常生活のあらゆるものごとを無限に記録しネットワーク上に撒き散らす。それは単に日常生活のログなのではない。プログラム内蔵方式に基づいた人間観により思考とデータが同じ次元に置かれた現代社会において、それはまさに私たちそのものの姿であり、またそれが現実の私たちよりも永遠の幻想を与える点において優れているのであれば、私たちでなければならない。それゆえ、私たちの記録への欲望は、永遠と無限に向かってとめどなく加速していく。

マックス・ピカートによる「騒音語」の議論(58)は、このような現代固有の状況をうまく説明している。騒音語とは、言葉が本来そうであったところの、沈黙のなかから生まれ沈黙のなかへと還っていく、そしてそのことにより力を持つ言葉ではなく、ただひたすら、自らより自らを生み出し、増殖し、あらゆる空白を埋めていこうとする、機械的で自律的な運動にしたがった音である。この騒音語こそが現代社会を特徴づけるとピカートは言う。

ピカートによるノイズの定義は極めて否定的なものである。しかし言語の営為に対するピカートの理解はリンギスとまったく異なるのではなく、むしろ相補的なものとして考えられる。リンギスにとって、誰が発話するのでも構わない交換可能な言葉は、人間の固有性をいかなる形においても保証し得ない。そうではなく、ある固有の人間がある固有の瞬間に、絶対的な一回性を帯びて発する音がノイズなのであり、それこそが代替不可能なコミュニケーション――きみと私が確かに存在しているということ――を確信させる。他方で、この「誰が発しても構わない交換可能な音」がネットワーク上に氾濫していくとき、そして必ずや氾濫するのだが、それがまさにピカートの言う騒音語となる。つまりここで問題となっているのは、その音が、それを発する者の代替不可能性を保証し得るのかどうかなのだ。

このことは、現在私たちのコミュニケーションにおいて大きな位置を占めているSNSについて考えてみれば明らかだろう。そこでは誰もが自分についてのさまざまなできごとを書きこんでいく。しかし実際に書きこまれているのは、誰がそれをしたのかなどごうでもよい、交換可能なものごとがほぼすべてを占めている。何を食べたか、どこへ行ったか、何を観たか。その無数の自己主張は、まさにピカートの言う騒音語でしかないし、同時に、完全な交換可能性を持っているという点において、リンギスのノイズのコミュニケーションとは対極に位置するものでもある。だからそれは私たちに存在の固有性を一切確信させることはできないし、だから私たちは存在の虚無を埋めるためいっそうそこに騒音語を投げこんでいく。しかしそれはさらなる騒音語の氾濫しかもたらさず、存在に対する不安をますます掻き立てることにしかならない。

環境化するメディア技術

一九四六年に運用が開始された最初期のコンピュータであるＥＮＩＡＣは、その大きさや消費電力、メンテナンスに必要な専門知識や維持コストなどのすべてが、私たちの日常生活の尺度を超過するものであった。しかし、いま私たちの大半が手にしている――まさに手のひらに収めることができるものとしての――スマートフォンは、ENIACを遙かに超える性能を持ち、汎用機械として通話やインターネットのみならず、GPSによる位置情報の取得や電子マネーによる決済、小型カメラによる撮影など、私たちの日常のさまざまな場面において利用されている。また、無線通信でデータをやりとりできるRFID（Radio Frequency Identification）は、サイズが数ミリメートル角で低コストであり、人間や動物を含めたあらゆる商品にとりつけることができる。RFIDを利用することで、効率的な物流管理が可能となる。IC乗車券もまた私たちの行動経路を記録できるが、それは私たち自身が労働力商品であるのを示しているだけではなく、その移動経路の総体、すなわち私たちの生活そのものがビッグデータとして商品価値を持つことも意味している。

街中に張り巡らされた無線LANのアクセスポイントや携帯電話の基地局は、どこにいようとも私たちがインターネットへアクセスすることを可能にし、あるいはインターネットが私たちにアクセスすることを可能にしている。高度約二万キロメートルに位置するGPS衛星の信号は私たちを導くと同時に、国家や企業が私たちの所在や移動を常に監視することを可能にしてもいる。けれども、私たちは普段、大気中を無数に飛び交うこれらの電波や静止軌道上にある衛星のことなど、いっさい意識することはない。

ある日、私たちがどこか遠くへ行き電波の圏外に出てしまったとき、あるいは何らかの障害によって電力の供給が途絶えたとき、漠然とした不安感とともにその欠如が私たちの意識に上る。しかしその機会さえ日々減少していく。私たちにとっての「遠くの場所」とは、すべてが高速化、無距離化していく現代においてももはや物理的な遠さではなく、電波の届かないところを意味し、かつその遠い場所は最終的に失われるだろう。

私たちにとってのメディア技術の存在は、既に私たちの意識下に追いやられ、いわば空気のようなものとして、あってあたりまえのものとなっている。このようにメディア技術は遍在化《ユビキタス》し[59]、不可視化し、環境化していく。

一昔前には、現実と電子的な仮想は明確な境界線によって区別し得るものだと考えられていた。ファミコン（一九八〇年代）であれば、私たちはコントローラという原始的なインターフェイスによって、重く分厚い鉛ガラスによって隔たれたテレビ画面上に描かれる世界のなかでキャラクターを動かし、遊んでいた。それはまさに、メディア技術に対するステレオタイプな理解を象徴する。しかし仮想性は人類が言語を手にしたときから存在していた。アン・フリードバーグが的確に指摘しているように[60]、デジタル技術と仮想性の安易な同一視には注意しなければならない。

メディア技術の環境化が意味しているのは——たとえ虚構であったとしても——かつて私たちが引いていた現実と仮想の境界線が、もはや明確には示せなくなっているということに他ならない。現実／仮想という単純な対立項を想定し得た牧歌的な時代は既に終わり、いま私たちの目に映るのは、不可視化されたテクノロジーによって作られた新しい現実のなかで生きざるを得ない私たち自身の姿だ。それでもなお現実／仮想という二元構造に拘泥し続けるのであれば、私たちはその行為自体が持つ仮想性のなかで、現実を見失うことになるだろう。

美術家の大山エンリコイサムは、都市における新たな芸術の形態としてのストリートアートに注目しつつ、次のように言う。

そこでストリート・アーティストたちは、一方で管理システムによって情報環境的に眼差され、自らの物理的情報（顔認証や位置情報）を採取されかねないという受動性に身を置きつつ、他方で、都市空間の物理的レイアウトを情報環境的に眼差そうという能動性を持っているのだと言える。そのように考えていくと、都市空間や情報空間、物理的実体、情報的実体などの区分けは実はそれほど明確ではなく、常に入り組んだ複雑さを呈していると考えるべきなのかもしれません。(61)

問わなければならないのは、彼の言う複雑さがどの程度のものなのかということだ。それが単に、現実と仮想が交わることなくモザイク状になったものでしかないのであれば、そこに新しい現実など描く必要はないだろう。しかしメディア技術の環境化とは、それらが極小化され不可視化され、同時にすべてがネットワーク化しすべてを包みこむまでになり、環境のなかに溶解し潜在化してしまった状態を指す。そうであるのなら、美術家である大山エンリコイサムが直感的に把握している複雑さもまた、より根源的な次元における現実と仮想の融合なのではないだろうか。

いずれにせよ、人類史において仮想は不断に存在してきた。しかし若林幹夫(62)によれば、そこには常に〈遙かな根源〉としての過去と現在を結び、その場所に固有性を与える死者たち――要するに歴史や文化、そして伝統と呼ばれるもの――が存在していた。けれども、いま私たちが置かれている状況からは、この〈時と場〉が失われてしまっていると彼は言う。例えば私たちが電車に乗るとき、それは「具体的な道を身体で歩むこと、その道筋を経験して、具体的な他の場所やそこにいる他の人と出会うこと(63)」ではなく、〈時と場〉を失い抽象化された、新宿駅や渋谷駅という標準化され固有性を持たない場所から場所への、チューブとしてモデル化される移動でしかない。私たちはチューブのなかを移動しつつ、スマートフォンの液晶画面という「窓」を通して、仮想空間を眺める。そしてその窓の向こうに見えるのは、新しい現実などではなく、これまでの現実に付加されたせいぜい新たな一局面に過ぎない。

しかし彼の議論において前提とされる〈時と場〉には強い恣意性がある。彼が永続性の典型として挙げている宗教についても、その信仰の内容や礼拝形態は永続普遍などではなく、むしろ時代とともに流動的に変化し続けるものであり、だからこそそこにはその時代に即応した現実性が与えられる。また諸々の場に根づいた文化、伝統についても、

その連続性は多くの場合虚構をともなう。(64)

他方で、仮に〈遙かな根源〉を持たないとしても、それがその場の空虚さを決定づけるわけではない。現実に新宿駅や渋谷駅を利用している誰もが知っているように、そこには、たとえ目を瞑っていても容易にどこの駅なのかを判別することができるほどの生々しい固有のリアリティが渦巻いており、それを「大都会の駅の情景」(65)と一般化することはできない。電車でどこかへ行くとき、私たちは導線のなかを光速に近く流れていく電子になっているわけではない。隣に立つ誰かの熱量を、息遣いを感じ、無言のざわめきのなかに身を浸し、窓の外を過ぎていく家々の一つひとつに想いを寄せる。そして同時に、手にしたスマートフォンの小さな「窓」に映し出された遠い異国で苦しむ誰かの惨状に一瞬だけでも胸を痛め、ネットからダウンロードした音楽を聴き周囲の雑音を遮断しようとしつつ、次の駅で乗りこんでくる大量の乗客に押し揉まれ人間を憎悪する。その全体に、私たちの日常のリアリティが現れている。

若林幹夫は「今日ときに「仮想《ヴァーチャル》」という言葉で指示される情報環境やメディア環境も、物としては存在していないとしても、固有の社会的現実性をもって現実に存在している」(66)と言う。現代メディア社会が仮想性によって覆い尽くされているという安易な立場を否定し、そこに現れてくる新たな現実のかたちを慎重に探ろうとする若林の議論は重要である。にもかかわらず、現代社会においては仮想と現実がまだらになっており、そのなかで私たちはどっちつかずのまま生きているのだという彼の主張は、根本的な次元において現実／仮想という二元構造を前提してしまっている点において従来の情報社会論の枠組みに留まったままでいるのではないか。先の引用に続け、若林は「物的な環境と情報的環境を分けることには意味があるとしても、それらが共に私たちにとって実際の現実であるということ、そのような質的に異なる環境を共に現実として私たちが生きているということもまた事実なのだ」と続けてしまう。本書の立場からすれば、ここに彼の議論における不徹底さが見てとれる。共にという言葉に無意識に前提されているのは、物的環境と情報環境が決して融合しないものだということだ（それゆえ、それらはせいぜいまだらになるしかない）。しかしそう考える限りにおいて、情報環境から切り離された物的環境のみをリアルだとする従来の二元的議論から本質的に離れられず、メディアが環境化したこの現実を表現することはできないだろう。

和田伸一郎もまた、技術に対する肯定主義と否定主義という使い古された二分法を拒絶し、存在論の立場から情報メディアについて精緻に分析している(67)。

彼の議論において「原光景」として参照されるのは、仮想現実（VR：Virtual Reality）装置であるヘッドマウントディスプレイ（HDM：Head Mounted Display）を装着した人間が持つ、ある種の滑稽さである。「VR端末を通じて生きられる体験は一歩視点を引いてみれば滑稽になる。というのも、他人の眼から見れば、仮想現実にごっぷり浸かっているその端末着用者は何もないはずのところで何かをつかむ仕草をし、何もないはずのところで何かをよけるように恐る恐る歩こうとするからである。あるいは自分の前に壁があってもそれにぶつかるまで分からないだろう」[68]

しかし彼の指摘する滑稽さは、表層的な議論をするのであれば、ウェアラブルな拡張現実（AR：Augmented Reality）技術によって、すなわちこの身体が存在する「ここ」を基盤としつつも周囲の環境に複数のレイヤーを重ねあわせ、さらにはそれをユーザー間で共有するような技術によって容易に回避されてしまう。若林の議論における「窓」と同様、その滑稽さはメディア技術のある発展段階における一時的な限界を示しているに過ぎないのではないだろうか。

また、和田は、電話の向こうに居る相手に対して「お辞儀をしている、あるいは身振り手振りで話している」[69]ことの奇妙さについて語っている。むろん、彼も指摘しているように、それを単に心理学的な反応として理解するべきではない。しかし一方で、ハイデガーを経由したポール・ヴィリリオの「後ずさり（recul）」を用いた彼の議論はあまりに技巧的である。もしお辞儀や身振り手振りが奇妙であるなら、古代、神殿において神像を前に礼拝していた人びとはなぜ奇妙ではないのか。和田はそこに現代情報メディアの特異性を見出すのだろうが、そうではなく、むしろそこには常に、メディアを通してその向こうにリアルな他者を見出し、それに対して自らの全体を以て応答しようとしている人間の姿があるのだ[70]。

和田伸一郎もメディアの不可視化に気づいてはいるが、それは彼においてさして重要な論点ではない。ここにおいても和田が想定しているのは、コンタクトレンズなどの極小化したVR技術であり、使用者はそれによって「仮想現実にごっぷり没入」することになる。このとき、外見からは使用者がメディアデバイスを装着しているかどうか判別できないため、その装着者は「気が狂っている、錯乱している、白昼夢を見ている」[71]と判断される。しかし初めから環境没入型のメディア技術にしか関心がない和田の議論において、いま・ここから断絶した極限において使用者が狂人として現れてくるのは当然の帰結である。

最終的に和田は、技術には常に、完全には人間化しきれない「ポテンシャル」があり、メディアの可能性を「ヒューマニズムのイデオロギー」[72]によって切り取るべきではないと言う。そのために私たちは、技術を人間化するのをやめるだけではなく、さらに私たちが「《人間》であることに留まっていることをやめねばならない」、「《人間》という概念が解体されねばならない」[73]とさえ言う。けれども、私たちがまず問うべきなのは、ポテンシャルを拡張し続けていくメディア技術のなかで、なお消し去りがたく残り続けてきた存在論的な原理とは何かということではないのだろうか。

結局のところ、若林も和田も、現実と仮想という二項対立を前提とした旧来の情報社会論を乗り越えようとしつつ、その根源的なところでは同様の枠組みから抜け出せずにいるため、いま・ここにおける現実を描くという目的を貫徹することができないでいる。

では、現実と仮想の境界が消失した、メディア技術が環境化している現代社会とはいかなるものだろうか。それは、あらゆるものがシュミラークルとシミュレーションによって覆い尽くされていくボードリヤール的なハイパー現実を意味するのではない。「いつでもすでに複製されてしまった」[74]現実というボードリヤールの言説は、必然的にある種のニヒリズムをともなってはいるが、確かに現代社会を鋭く示している。けれども、ことの始まりにおいて情報化が持っていた――煌びやかで狂騒的で虚飾に彩られた――インパクトが過去のものとなったいま、私たちに残されたのは、ただ凡庸な日常である。しかしそれは単に凡庸なのではない。この新たな日常とは、スマートフォンの「窓」やSFに登場するガジェットのように仰々しいHDMに映し出される仮想現実を眺めるまでもなく、不可視化したメディア技術が現実と仮想の境界線を溶かしてしまった世界だ。それは、そのメディア技術を私たちが認識できないだけに、相も変らぬ凡庸な日常であると同時に、本質的変容を遂げた日常でもある。

計数的な自然と存在の地図化

このような変容を引き起こす技術の一つに「ライフログ」がある。私たちの人生は、一般的に膨大な情報によって満たされている。例えば、今朝起きてからいまこの文章を読むまでに目にしたもの、聴いたもの、触れたもののすべてを数え上げることを想像してみれば、それが不可能なまでの労力と時間を要することは明らかだろう。けれども、スマートフォンやIC乗車券、都市のあらゆる場所に隠された監視カメラ網などのメディア技術によって、私たちは自覚的あるいは無自覚的に、私が生み出すあらゆる情報——どこへ行ったのか、そこで何を食べたのか、何を見たのか、何を買ったのか、誰と話したのか、そして何を感じたのか——を記録することができるようになる。そのような記録を行なう技術をライフログと呼ぶ。

近代化の過程において技術とともに個人主義が進んでいくなかで、一人ひとりの人生の差異に対する価値意識もまた増大してきた。誰もが同じ生活を送っているのであれば、私の生活の記録《ライフログ》に意味はない。けれどももし、私の人生が替えがたい固有性を持つのであれば、そこには記録をする価値がある。むろん、どのような時代であれ、私たちの人生にはそれぞれ代替不可能な固有性がある（ただし、それゆえそれが無条件に素晴らしいものであるとは限らない）。ライフログの技術は、この、それぞれに固有の生活を記録するコストを大幅に低下させた[73]。

このライフログが、私たちにとって所与のものとなるとき、人間存在は大きな変化に曝されることになる。メディア技術の環境化により、私たちはあらゆる日常生活の記録を取れることが当然であると思い、またそうであることを欲望する。しかし本当はそうではない。環境化するメディア技術は、使用者に対して限りなくその使用を意識させないようなインターフェイスを持つ。それは自由度を制限されたインターフェイスに対して人間をその自覚なしに嵌めこんでいく力を持っているということでもある。そのとき、通販サイトAmazonのリコメンデッドシステムに代表されるように、これらのライフログが私たちの生活を導く（しかし実際には限定する）ものとしてフィードバックされることにより、私の生の記録から、ライフログによって規定される私の生という逆転が生まれる。

メディア技術の環境化が意味しているのは、あくまでデジタルデータを記録するシステムの環境化であって、デジタルデータの実世界化ではない。けれども、生体認証システムによって扉が自動的に開き、そこで機能している生体認証システムが意識されないままにこの私の固有性を保証するとき、生体認証システムが開くことを許した扉のみがこの私にとってこの世界における現実の扉なのだということになる。それは最終的に、私たちが訪れ得たであろうあらゆる場所、私たちが経験し得たであろうあらゆるものごと、私たちが出会えたであろうあらゆる人びとの喪失をもたらすだろう。

これらのことは、コンピュータが決して無条件に私たちに永遠と無限を与えてくれるわけではないという、ごく当然の事実を示している。確かに、コンピュータが超越的な力を持った何かであるかのような印象を、私たちは持っている。私たちがメディア技術について語るとき、私たちはあたかもそれらが魔法のようにそこに現れ、何かを実現してくれるものだと感じてはいないだろうか。けれどもそれは幻想に過ぎない。メディア論研究者の落合陽一は驚くほど無防備に技術を礼讃し、個人の固有性が技術によって完全に表現できるようになる時代について語る。

これまで私たちは、人間を近代以降の「教育」によって直方体型に揃える発想で社会を作ってきた。しかし、コンピュータによって全体管理や個別最適が行えるシステムが現れたことで、個人を画一化しなくても、多様性が保てるようになりつつある。(76)

そしてそのような社会を可能にするのが、彼の言うところのデジタルネイチャーだ。

西洋近代の人間中心主義による「〈人間〉の超人化」と「人間のための環境（モノ）の進化」という発想に対して、「〈人間〉の脱構築」と「環境的知能の全体最適化」、つまり「〈自然〉としてのコンピュータ」のエコシステムの構築を目指し、その超自然にそれぞれ不可分に内包されるのがデジタルネイチャーである。(77)

ここには、環境の変容に対する認識より、むしろ人間を根本的なところでデジタルだと捉える視点が如実に現れている。「そもそも量子化という意味での〈デジタル〉は、生物に固有の情報演算形式であった。DNAやRNAの記録は4種類の塩基によって量子化され、コドンによってさらにコード化されている」(78)。「生物はこの地球上に現れた最初の情報処理を行う量子化機械である。神経系を用いた演算のために、ある解像度で標本化や量子化を行なうセンサーを持ち、生物ニューラルネットワークによるプログラムを内蔵した機械だ。DNAはデジタルデータを用いて記録され、量子化されたデータと「誤り訂正機能」によってエラーを減らして次世代に情報が伝達される」[79]。そのように考える落合にとっては、だから「人間とコンピュータを思考体として考えれば、その差異は処理系の物理的な実装にしかなく、データの上では両者を区別できなくなる」[80]のは当然なことだろう。

メディアアーティストでもある落合陽一によるこのあまりに無頓着な発言はいったい何を示しているのだろうか。「一世代あるいはそれ以上も早く、未来の社会的および技術的発展を予測する力が芸術にあることは、昔から認められていた。〔……〕レーダーとしての芸術はいわば「早期警報装置」であり、そのおかげで余裕をもって社会的および心理的ターゲットを発見し、それに対処する準備ができるのである」[81]と言うマーシャル・マクルーハンの言葉が正しいのだとすれば、もはや私たちの社会は、人間も、生命も、しょせんはデジタルデータとしての「1」と何ら変わらないものとして見なすようになることを約束されているのかもしれない。

だが、そうではない。落合のデジタルネイチャーは、生命をデジタルなものとして捉えているのと同じくらい、それが魔法のように与えられるものだと考えている点で、現実を完全に誤った形で理解——あるいは理解を放棄——している。現代の魔法使いを名乗る彼には、しかし彼に魔法をもたらすさまざまな先端的デバイスが、多くの場合環境破壊と奴隷労働によってもたらされていることに対する認識が恐ろしいまでに欠落している。要するに彼にとって魔法とは、コントロール不可能な魔的な何かを意味しているのではなく、何もかもが自分の思う通りになるという小児的な誇大妄想を表しているに過ぎない。

それが欺瞞に過ぎないことを、ケビン・ベイルズは鋭く描き出す。

現代の技術力は銅線の世界を何十億もの会話が宙《そら》を飛びかう世界へと変えた。この変化は素晴らしいが、経費もかかった。もとはシリコンバレーで生まれた着想だが、携帯を作るには、スズ《錫》石やコルタンのような鉱物《レアメタル》を必要とした。シリコンが遍在しているのに対し、スズ石やコルタンの埋蔵は偏っていて、限られた地域でしか採掘できない。クリエイティブ・クラスの洗練された佇まいには日常生活や広告で毎日お目にかかるのに、広告に先導されて環境破壊と人間の奴隷化の手助けをさせられても、その現場を目撃することはない。私たちは、賢い携帯が欲しいし、市場は携帯を作る資源を必要としている。こうした資源は紛争を生み、紛争を助長する。その結果、法律に効力がなく犯罪者がすべてを支配する地域では、独創的な新しい経済の基盤はちょうどワリカレのように、鉱物を収奪する行為に依拠することになる。(82)

明らかであろう。

そのうえで、改めて落合陽一の発言を見てみれば、その幼稚さと無自覚的な残酷さは

霧に覆われた世界の中で考える。僕は今、感覚器の環境要因による機能不全を、電信系・外部記憶装置・モニターといったテクノロジーで補い、それを身体の一部のように感じながら進んでいる。その世界に手触りはなく、音と光の仮想的な情報から実在を感じ取っているに過ぎないが、カーナビに表示された電子の地図は、僕にとっての第二の山道であり、信じるにたる〈計数的な自然〉なのだ。その反面、本当の自然であるはずのフロントガラス越しの風景は、どこかリアリティに欠けている。(83)

落合が自らの身体を、そしてそれを支える世界＝環境を捨てようと、私たちの知ったことではない。しかしだからといってそれは、彼の身勝手な妄想を支える諸デバイスがベイルズの指摘する奴隷労働によって生み出されたものであることへの責任を放棄する、いかなる理由にも結び付きはしない。

彼は計数的自然に対して、その「信頼は無意識的だが、深く、そして疑いようがない」(84)と言う。だがそもそもそれは信頼できるようなシステムとはなり得ないし、彼の（本当の意味での）信頼がその向こうにある具体的、固有な身体に向けられることも決

してない。

このようなすべてはデータであるという思想は、当然、私たちの生きる環境そのものに対する理解にも及ぶ。ＲＦＩＤやＧＰＳ、そしてライフログといったさまざまな技術が環境を膨大なデジタルデータの奔流に変化させることにより、その環境はデジタル化した人間存在とシームレスに接続されることになる。デジタル化したこの私は、デジタルデータを吐き出しながらデジタル化された環境を移動し続ける。その運動はさらなる大量のデジタルデータの出力を導き、ビットとして一様化したその光景のなかでは、もはや身体という境界線によってこの私を定義することはできなくなる。

むろん、私たちはデジタル化以前から環境にメッセージを読み取り、あるいはこの私の固有性を刻みこむことにより、環境をこの私自身の生きた現実へと変容させてきたのだし、そのようにしてこの私に固有の地図を作製することは生の基本的な様式でもあった。だが、それはあくまで地図をこの私の生に取りこみ、生きたものにする過程であって、存在自体が地図のなかに溶けこんでいくことではない。

本書はこのような変容の在り方を「存在の地図化」と呼ぶ。このこと自体は避けがたい。けれども、そこで私たちが神のごとく振る舞おうとするのであれば、そのときこの私が存在する場はただ私のみが存在する場となる。それはこの世界のなかで私が孤独であるということではなく、この世界そのものが私になるという、孤絶への批判が原理的に不可能になるような人間観、世界観を意味している。だが、そこには大きな欺瞞がある。なぜなら、そこでは技術が無条件に与えられること、そして無謬に機能することが前提されているが、実際にはそれはまったくの虚偽に過ぎないためだ。

存在の地図化とは、人間存在のデジタル化と世界＝環境のデジタル化が統合されたものとして、あらゆるものがデジタル化された地図になることを意味している。本来地図は、文化的に共有されたこの世界における自分の位置を知るものとしてあった。そこには当然未知なる場所を示す空白があり、あるいはその空白を埋める魔物や怪物たちが描かれていた。だがやがて、地図はこの私を中心として――GPSはそれを可能にする典型的技術となる――この私にとって必要な情報、この私のログのみにより構成された極限的にプライベートなものとなる。それは固有性ではなく個人の嗜好の全面化でしかなく、しかもそれはトレンドにより規定された嗜好でしかない。プライベートとパブリック、空間と身体といったものが一体化した何かとなったこの私は、幻想としてその存在の地図の中心でありつつ、その存在の地図に情報を与え続けるエレメントの一つでしかない。

デジタルスティグマジー

ここには確かにグローバルな規模での全体性が現れているように見えるかもしれない。しかしそれは先に定義したメディオームとはまったく異なる、相互貫通も動的構造もないただ計算のみによって満たされた平坦で静的な空間でしかない。

電卓を手に取り、幾桁かの数値を入力し乗算することを考えてみよう。もし私たちに慣れというものがなければ、正確そのものの計算結果が即座に7セグの数字として表れることは、常に魔術にも似た驚異であり続けるだろう。けれども私たちは無感動に計算をし、他方で、チェスや囲碁などのゲームで人間がAIに負ければ、その原理さえ知らないままにシンギュラリティは近いなどと騒ぎ立てる。だが西垣通が指摘しているように(85)、いま現在私たちが実現できているAIなどただの計算の塊に過ぎない(むろん、だからといってその影響を西垣が軽視しているわけではないのだが)。だからそれが下らないということではなく、もしそこに驚異と脅威を見出すのであれば、なぜ私たちは計算機にそれらを感じないのかを考えるべきなのだ。古い電卓であれば七桁同士の乗算はオーバーフローを引き起こすが、アプリとしての電卓であれば問題ない。しかし、それゆえ電卓をポストヒューマンと呼ぶ者はいないし、シンギュラリティを語る者もいない(86)。私たちはそこにある全体をより真剣に見つめ直さなければならない。その計算機の原理を考案した誰か、その誰かの生きてきた徹底して固有の人生、いまきみが手にしている具体的なその計算機を作った工場で働くそれぞれ固有の誰かたち、その計算機の原材料となる物質が地層のなかに眠っていた歴史、それを掘り出し精錬し加工し移送した無数の固有の誰かたち。いまきみが計算機を手にしている部屋、その温度、窓の向こうの景色、そしてきみ自身の人生。いま・ここである計算をするということは、それに関わりそれを成立させているすべての事象のすべての歴史の交点としてのいま・ここから何も切り離すことができないという単純な事実のなかにきみが在るということに他ならない。だから、もしいま私たちが、この私の生きているこの世界を、そしてこの私を理解しようとするなら、その全体の構造と原理を理解することから始めなければならない。けれども私たちは逆の道を突き進んでいる。そこにあるのは、無数の個からなる全体の焦点としての絶対的に固有ないま・ここではなく、計算という一次元から語られ完全に均質なものとなったすべてのいま・ここなのだ。

本書はここまで、人間存在がデジタル化という、ジェームズ・ブライドルの言葉を借りれば「計算論的志向《コンピュテーショナル・シンキング》」(87)によって、自らの在り方をあたかもデータの集合体として、透明に、永遠かつ無限の存在に――実際には、それは1＝1という恒等式が持つ透明さ、無限性、永遠性と何の違いもないのだが――なろうとしている状況について見てきた。

存在の地図化は避けがたくこの私の世界＝環境を変容させていく。存在の地図化により、この私は周囲からのいかなる制限も受けず、あらゆることを思うがまま為すことができる。それは完全な個の実現であり、自由の実現だ。同時にそこではすべての存在が平等でもあり、対等な関係で無限のコミュニケーションをはかることもできる。だが、それは危うい妄想に過ぎない。自らの欲望がシステムにより方向づけられたただの全体的な傾向と一致するとき、この私は為したいことを為せる神になっているのではなく、為せることのみを為したいことと思いこんでいる矮小な方向指示器《インジケーター》になっているに過ぎない。すべてが接続されているように見えるが、しかし実際には、全世界に向けて発せられたこの私の声は、すべてが一様な世界＝環境を満たすホワイトノイズの一成分にしかならない。この世界＝環境において、万能であることはすなわち虚無を意味しており、この私の存在はどこにも届くことはない。それでもそれは、自立と自由、そして開かれが完成された形ではある。本書はこれをデジタルスティグマジーと呼ぶ。

Grassé（一九五九）は、シロアリコロニーのメンバーが、巣づくり活動を行う際のメカニズムに関連して、スティグマジーという用語を初めて用いた。〔……〕明らかに、これは洞察力のある重要な見解である。いかに個々の建設者が、直接的な相互関係あるいは洗練されたコミュニケーションがないにもかかわらず、互いに独立に構造をつくれるかが説明できるからである。〔……〕虫の個体どうしはスティグマジーを通して直接的に関係しているように見えるが、実際には、彼らは「作業チームを構成しない」と言う。なぜなら、各個体は完全に「仲間の行動に対して無関心である」からである。(88)

デジタルスティグマジーによって作られたこの世界では、すべてのコミュニケーション・チャンネルが開かれすべてがつながっているように見えつつ、しかし実際には、もはや他の誰かとの間に共同性を構築することに耐えられない0と1に純化された孤絶した神たちが、0と1の海を漂流し続けているだけでしかない。0と1によって社会的に洗練《ソフィスティケイテッド》され、機械的に高性能《ソフィスティケイテッド》なこの私にとって、他者の生々しさは苦痛と恐怖をもたらす。そしてデジタルスティグマジーそれ自体が無謬ではない以上いつシステムクラッシュが発生するかは分からず、あるいはそれが完全に機能していてさえその0と1の一様な靄を貫通し他者が現前するかもしれない。その恐怖は、この私をいっそう孤絶した神へとひきこもらせていく。シームレスに接続された他者とのコミュニケーションなど、語義矛盾以外の何者でもないだろう。

デジタルスティグマジーの根底には思考=計算というデジタル化がある。現代メディア技術に過剰適応した者は自ら望んで、あるいは適応不全を起こした者は逃避先として、結局のところデジタルスティグマジーのなかで神にでもなるより他はない。ここで自由で開かれたアソシエーションを救いとして提示したところで、それはデジタルスティグマジーの与えるコミュニケーション幻想を超えない限り、さらに人間を孤絶へと追いやることにしかつながらない。

だからここで求められているのは、もっと別様の在り方についての語り方なのだ。デジタル化が人間存在の必然であったとしても、そこから派生する存在の地図化がある程度の必然性を持っていたとしても、私たちは他者原理という存在の根本から人間存在を描き直すことを試みなければならない。

第二章

世俗的な神

MEDIOME: MEDIA+OME

メタプログラム的世界観

遺伝子改変技術に対するユルゲン・ハーバーマスの議論は、単なる技術批判を超えて人間存在の条件にまで踏みこんでいる点で重要な示唆を与えてくれると同時に、彼の議論の問題点を明らかにすることで本書の立場をより明確化することにもなるだろう。

私たちは技術によって、既に私たちの生物学的な在り方を——完全ではないにしても——決定する遺伝子さえ、私たちの意志に基づいた操作によって改変できる時代を生きている。より正確には、私たちは人間の生物学的規定を自由意思により改変できるという幻想を共有した時代を生きている。

しかし本来、人間は持って生まれたこの身体に対して、あらかじめ自らの意志によっていかなる決定も選択も行なうことはできなかった。この「思いどおりにならない(Unverfügbarkeit)」[1]という誰にでも共通する性質こそが、私たちの人格の平等性を保証していたのだとハーバーマスは言う。彼の指摘は正しい。もし私たちが、この私以外の誰かの決定や選択によってあらかじめこの私の身体を決定されていたのだとしたら、そのとき、そこには一方的な支配／被支配関係が生じる。その他のいかなる支配とも異なり、それは抵抗の可能性を持つものとしてのこの私の在り方そのものに対する根源的な刻印であるがゆえに、抵抗の可能性を原理的に奪う。

だが、本当にそうだろうか。私たち自身の遺伝子を自由に改変できる時代が来るとしたら、それは開かれた遺伝子改変という、生物学的な軛から完全に解放された自由な人間像を生み出すかもしれない。仮に受精した時点における遺伝情報を完全に保存することができたとしよう。そして親や何らかのシステムによって遺伝子改変を受けたとしても、成人したときに本来の遺伝情報に自分をリカバリーすることさえできるようになったとしよう。だとするとこのとき人類は、自由意思に基づいたより多くの選択肢を得るのではないだろうか。そしてそうであればそれは、不本意に与えられた身体に耐える者同士であるという前時代的な制約を超え、人格の平等性を担保してくれるのではないだろうか(2)。

だが、このような技術主義に対しては、さらに反論することができる。ピーター＝ポール・フェルベークが指摘するように、そもそもこのような技術的選択（改変された遺伝子のままで生きるか、本来の遺伝子に戻すか）を与えられた時点で、私たちは強制的に新たな倫理的次元を生きることを余儀なくされている(3)。これは、その選択を行なう本人の存在様式を直接改変する技術に対する選択であるという点において、単にこれまでの倫理的選択の延長線上にあるものではない。そしてもし自律した意志によりその選択に主体的に向き合うことが倫理における原則とされるなら、仮に本来そうであった遺伝子へのリカバリーを選択したとしても、それは準拠点を失った意思に基づいた単なる選好に過ぎないのであり、遺伝子改変によって自らの在り方を選択することそのものへの批判的視点は失われている。

言い換えれば、ここで私たちは、偶然性というものに対する態度を問われているのだ。ハーバーマスの場合は、この偶然性があるからこそ人格の平等性が保証される。そしてだからこそ、誰かによって選択され、避けがたく与えられたものとしての遺伝子改変に対して、私たちには「運命論とルサンチマンのあいだのどちらかの道しか残されていない」[4]ということになる。だが、偶然性、すなわち意のままへのならなさは絶対的なものであり、そのうえに直ちに自由で開かれたコミュニケーション空間を築けるようなものではない。

ハーバーマスは既に生まれてしまった技術に対して、それをあたかも避けがたいものであるかのように扱う現実肯定主義を批判しているが、人間存在の根源に技術への欲望が刻みこまれているのであれば、現代社会に氾濫し、そして極限まで伸展していくであろう技術の留めようのなさを認めないことこそ、現実に対する本質的な次元での批判を不可能にする。この点において、本書はハーバーマスによる技術論の多くを評価しつつも同意しない。自由で開かれたコミュニケーションに固執する彼の議論は、エドワード・サイードがあるところで指摘しているように、[5]ヨーロッパの市民社会以外に適用することが困難な空虚さを持つ。既に二〇一五年、ヒト胚へのDNA改変が行なわれ、[6]二〇一八年には霊長類のクローン誕生が発表されている現実を踏まえたとき、[7]この現状がどのような人間存在の原理から生まれたのかを問うことは、現実肯定主義と同じものではない。むしろ私たちは人間存在が内包している技術への抑えがたい欲望を見据えなければならない。

それは技術をある次元において必然性を持ったものとして捉える点において「反近代主義的な抵抗」とは異なるし、そして逆に、技術の進化をコントロール不可能な人間存在の原理として捉えている点において「自己言及的な道徳行為としての政治的行動」[8]に同調するものでもない。

自由で開かれたコミュニケーションを至上命令とすることから離れてみると、ハーバーマスが遺伝子改変されることにより人間の内面に運命論やルサンチマンが生じると した懸念は的を射ていないように思える。私たちが遺伝子を改変されて誕生したとき、そこに生じるのは、技術がもたらす自由への興奮と勝利感なのではないだろうか。親によって遺伝子改変をされたのが気に入らなければ、私たちは自由意思によって自らの遺伝子を思うままに再改変すればよい。自由で開かれたコミュニケーションの障害となるものを、それらの技術と選択はより効率よく排除できるかもしれない。そこにあるのは徹底して切り離された個としての自由であって、ハーバーマス的な間人格的関係性における自由ではない。だが、私たちはそのような状況においてもなお、自由と平等について語ることはできる。自分自身の遺伝子を自由に改変できるようになったとき、私たちはよりシンプルに、そして強力に、「自分たちを自己の人生の著者（＝起動者）であり、道徳的共同体の中の同じ権利を持ったメンバーである」[9]と考えるようになれるのではないだろうか。

もしこの私の親がプログラマとしてこの私をプログラミングしたのであれば、同じようにしてこの私もこの私自身を、そしてこの私の子どもたちをプログラムできるし、そのプログラミングは、既にプログラムされた者としてのこの私によって為される。それ自身がプログラムされた／されることを織りこみつつさらなるプログラムを重ねていくという意味において、それはメタプログラム的な世界観を生み出す。そうなればもはや、「プログラムされた側は、プログラムした側の意図を解釈することはできるが、修正したり、そういうことがなかったことにすることはできない」[10]と言うハーバーマスの指摘には何の意味もない。そしてもし、誰もが自分自身を含めた誰でもプログラミングできるのだとすれば、それこそがついにもたらされた完全に自由で平等な世界であると、なぜ言えないのだろうか。

だが、むろん、そのようなことは言えるはずがない。だからこそ、絶対的な畏怖と不透明さこそを、私たちは問題にするべきなのだ。自由を希求する姿も、運命の前に打ちひしがれる姿も、ルサンチマンに鬱々とする姿も、すべては人間の在り方として等距離だ。どこから等距離なのか。それは他者というこの私の根源に位置する原理からに他ならない。その他者原理を破壊するものがデジタル化への転倒である。

ユルゲン・ハーバーマスが「正当に規則化された相互承認関係のネットワークの中でのみ、人間は人格的アイデンティティを発展させ、それを――同時にその全一性とともに――維持することが可能なのである」(11)と言うとき、そこで対象となっているのは「周囲の社会的環境からの助け、暖かい援助」のある公共の世界のなかで「自分に話しかけ、自分と話すことができる人々からなる世界に入っていく」(12)ことができる者のみであり、そうであるのなら、そこにはいかなる苦痛も暴力も恐怖も狂気も存在しない。だからハーバーマスの言う生活世界がその内実としてリアリティを持てるのかは疑問だし、そこで語られる「代替不可能な個人的存在」(13)が具体的に何を指しているのかも描かれることはない。

「自然発現的なものと製作されたものというカテゴリー上の区別が、これまでわれわれの思いどおりにいじることができなかった分野において揺さぶられていることを示している」(14)と言う彼の危惧そのものは正しい。けれども、ハーバーマスの議論はあくまで公共圏と市民社会という理念から離れられないため、技術に対して常にコントロール可能でなければならないという条件を捨てることができないし、コントロールする人間にはそれに相応した理性が求められることになる。

彼の理念は美しいし、また自由で開かれたコミュニケーション空間のために現実に戦ってきた彼の議論を安易に批判することに意味はない。しかし、それでも繰り返し指摘しなければならないのは、自由で開かれたコミュニケーション空間や市民的な平等性を至高の目的に置く限り、畏怖や苦痛、意のままへのならなさといったものはすべて排除されるべきノイズになるしかないということだ。私たちは、恐怖と苦痛のなかから生まれる固有性や生そのものの意味をこそ問わなければならない。

テクノロジー無謬説とテクノデモクラシー

けれども現実には、私たちは恐怖も苦痛も技術への妄信によって取り除けると思っているし、そこにこそ民主主義があると信じてもいる。

また別の例から考えてみよう。ビッグデータを用いた選挙予測は既に日常的なものとなっている。[15] 一人一票の原則は民主主義の根幹を成す。そうであるなら、それぞれに徹底して固有の人びとの選択を完全に等しい「1」として扱うこれらのデータ処理においては、一票の重みが完全に等しく扱われた平等な世界が実現しているのだろうか。そうではない。一票の等しさが意味を持ち得るのは、その「1」を求めて不断に行なわれる、徹底して固有の身体をともなったある一人の人間の闘争を通してしかない。

私たちがＴＶの前でぼんやり選挙速報を眺めているとき、そこでＡＩにより処理される統計データとしての「１」に置き換えられたその一票は、単に置き換え可能な「１」でしかない。その「１」によって偽装された等価性を通して、私たちの自覚していない次元において民主主義は変性していく。

このデータとしての「１」化は、そのまま、私たちの意志をアルゴリズムによって表象し分析することへの違和感の喪失へとつながる。だから、そこではＡＩによる政治的決定支援[16]、あるいはより強く統治などということに対する議論も、決して絵空事ではなくなっていくだろう。「社会を構成する全員が平等に監視の対象となるミラーハウス社会は、もちろん理想的なものとは言えないだろう。しかし〔……〕少なくともそれは偏らない取り扱いという一応の正義にかなったものである」[17]と言う大屋雄裕の指摘は、私たちにとって民主主義とは何か、そこで固有であることの意味がどのように変容しているのかについて、鋭く予見している。

だが、私たちがここでより根本的に問題とすべきなのは、「偏らない取り扱い」を実現するようなアーキテクチャやシステムが果たして本当に可能なのかということだ。端的に言えばそれは不可能なのだが、しかしそのような期待が社会にあるということ自体は現実的な力を持ち得るし、それは政治に対する私たちの態度も変えていくだろう。このとき、私たちがビッグデータやＡＩといった技術を通して抱く（怖れも含めた）未来像においてﾞ、それらの技術も政治的、経済的、心理学的、あるいは工学的制約の下に作られたものに過ぎず、それゆえそれは期待されるような完璧な公平さ、無謬さには決して到達しないということは忘れられている。

第一に、それらはある種の恣意性から逃れることはできない。特にインターネットのような莫大なメンテナンスコストや法規制を必要とするインフラを考えれば、その運用は国家や企業の意図によって容易に左右される。二〇一二年十一月のシリア、また二〇一七年一月以降のカメルーンにおいて、国家によるネット遮断が行なわれたことはよく知られている。また、二〇一八年にはGoogleが検閲機能を備えた検索エンジンの中国への提供を計画していることが話題となった。[18] 何を持って政治的公正が実現されるのかという判断基準さえ確たるものはないなかで、私たちはその判断を企業に任せざるを得ない。[19] だからマニュエル・カステルによる「反グローバル化運動は、単にネットワークであるだけではない。それは、電子ネットワークであり、インターネットを基盤とした運動なのである。そして、インターネットが拠点《ホーム》であるため、その組織が破壊されたり、捕まえられたりすることはない。それはネットの中で、魚のように泳ぎ回るのである」[20]という主張は、いまとなってはあまりに楽天的だと言わざるを得ない。

第二に、システムは必ず不完全なものとなる。プログラム上の単純なバグだけではなく、現状ではソフトウェア、[21] あるいはハードウェア[22]のアーキテクチャ上、避けられない誤謬も存在する。さらにはシステムが不完全であることを知っていてなお、私たちはそ

れを権力のために運用することをいとわないときもある。(23)

そして第三に、そもそも統計データとしての「1」の向こうに絶対的固有性を帯びた一個人が居るのかどうかは不明である。メディア操作がそれなりに洗練された現代社会において、ネットワーク上のある主張の総数、あるいはその主張につけられた「いいね！」の総数は、資本による、あるいは偶発性による動員によって容易に実態からかけ離れたものとなる。きみがきみの全人格を、あるいは生命を懸けてある発言をしたとき、その発言を数える「1」と、それを暴力的に押し潰すため数えられた「1」の集合は、本来、不等号でさえ結べないほど次元が異なる。国民識別番号やシステムによる個人信用スコアが、(24)「1」としてのきみの発言の固有性や迫真性を保証してくれるはずもない。にもかかわらず統計データとしての「1」はあまりにも自明で平等で簡便な個人という幻想を与えるため、私たちは民主主義を単純な数の問題であるかのように思い始める。あるいはそこで少数派がカウントされるとしても、それはせいぜい「1」に対する重みづけの問題としてしか認識されない。

ポストトゥルースと呼ばれる時代を生きる私たちは、けれどもそれ以前の世界が単純に事実を共有できていたわけではないことも知っている。それでも、技術が進む限り虚偽もまた限りなく増殖する。その無数の虚偽を相手に戦い続けることは、有限な人間には耐えられない。平等な「1」を与えてくれるテクノロジーの無謬性を前提とした上で新たな時代の民主主義を語ることは、その期待が大きければ大きいほど脆弱さを併せ持つ。その期待が裏切られたとき、それは避けがたく民主主義への失望とシニシズムを引き起こすだろう。

だから私たちは、メディア技術の上により良い民主主義が築けるという新たな民主主義《テクノデモクラシー》への安易な希望を捨てなければならない。メディア技術はハーバーマスの言う開かれた議論空間も、シャンタル・ムフの言う闘技的闘争[25]の場としてのアゴラも提供せず、無数の虚偽、捏造と憎悪の混沌を拡大する。

だがそれは民主主義そのものを諦めるということではないし、ましてや抑圧や不正や分断に対して諦念を抱くより他はないということでもない。そうではなく、そのような不正義を生み出す構造を超え、この私の価値判断さえも超え、本来の意味で「1」である徹底して異質な他者がこの私の眼前に顕現する、その恐怖と苦痛ゆえに生まれる存在への確信こそが、メディアの時代における民主主義に強度を与えるのだ。もし民主主義において「1」というものがあるとすれば、それは数学的には破綻した、1≠1という徹底して固有で交換不可能な一人ひとりの人間としての「1」としてしかあり得ない。そして、だとすれば私たちは、既成のシステムにより動員された数の暴力としての合計値の向こうに、低コストで雇われた、あるいはルサンチマンに支配されたそれぞれの「1」を、絶対的な固有性を帯びた一人ひとりの人間として見出すことさえできるだろう。

メディア技術によって民主主義が——諸々の留保がつくにしても——原則的には進んでいくと考えるテクノデモクラシーには、もう一つ決定的な問題がある。そこには、それらの技術を現実のものにするために抑圧と貧困と黙殺のなかで搾取されている無数の他者たちへの眼差しが欠如しているのだ。テクノデモクラシー論者の一人であるジョン・キーンは、メディア技術が発達した現代社会において、新たに現れてきた政治参加の形態をモニタリング・デモクラシーと呼ぶ。

> モニタリング・デモクラシーは、デモクラシーの新しい歴史形態で、数多くの多種多様な議会外的な権力監視メカニズムの急速な発達によって定義づけられる、さまざまな「脱議会制」政治のことである。(26)

ただし、それは議会制デモクラシーに対立するのではなく、むしろそれをさまざまなレベルで監視《モニター》するものとして、相補的に機能する。

> あるものは何よりもまず、政府や市民社会諸団体への市民インプット（入力内容）のレベルで権力を監視する。別のモニター・メカニズムはもっぱら、政策スループット（処理内容）をモニターし、異議を申し立てる。さらに他のメカニズムが政府の、あるいは非政府の諸組織の政策アウトプット（出力内容）を集中的に監視する。

〔……〕モニター・メカニズムの規模はさまざま、活動空間のスケールもさまざまで、きわめてローカルに活動する「身近な」団体から、大いなる距離にわたって権力を行使する連中を見張ることが目的の、グローバルなネットワークまである。(27)

（傍点部は原文ではゴチ）

このようなデモクラシーの形態はメディア技術の発達なくしてあり得ない。歴史に前例のない、インターネットに代表されるこのメディアの「新銀河」は、「究極のグローバル・ネットワーク内での通信を可能にして、この地球に散在する何億もの人びとに購入可能、入手可能となった」(28)とキーンは主張する。そしてモニタリングは無数の「安価なコミュニケーション・ツール（多目的携帯電話、ディジタル・カメラ、ビデオ・レコーダー、インターネットなど）の個人、集団、組織への普及によって強化される」(29)。

テクノデモクラシー論に共通する問題が、キーンの議論にも見てとることができる。これらの民主的ネットワークを可能にするインフラやデバイス群は、現実的には極めて高価であり、またインフラが脆弱であればあるほど容易に国家の規制を受ける。ITU（国際電気通信連合、International Telecommunication Union）の二〇一八年の調査によれば、コンゴ民主共和国のモバイル端末契約率は一〇〇人当たり世界平均で一〇三・六パーセントなのに対し、四三・四パーセントに過ぎない。しかもモバイル端末価格は二〇一七年の同調査において世界平均の五倍を超えている。(30)したがってそれらの地域でモバイル端末を持てるのは、そもそも経済的に恵まれている者に限られている可能性が高いし、接続状況や速度を考えれば条件はより悪くなる。

だから、デモクラシーが貧困と抑圧のなかにある人びとのためにこそあるべきだとするなら、モニタリング・デモクラシーが、グローバルで非倫理的な経済構造から生み出され、貧困と抑圧を強化するデバイスによって可能になるということ自体、大きな矛盾を抱えているのではないだろうか。キーンはテクノロジーがあたかも所与であるかのように考えており、それをどのように正しく使うのかにしか関心を持っていない。だから結局のところ、テクノデモクラシー論者にとってのメディアは、それ自体としては批判の対象になり得ない透明なままで在り続ける。

むろん、だからといってキーンの主張するところが完全に誤っているということではない。そのようなモニタリングを通してこそ、コンゴの鉱山における悲惨な奴隷労働が暴かれ、正されるきっかけをもたらすことも事実だろう[31]。

ただ、少なくとも私たちは、そのようなモニタリングのシステムそのものが何によって基礎づけられているのかについて、より注意深くあるべきだ。そうでなければ、「「一人・一票・一人の代表者」という旧来のルール」からモニタリング・デモクラシーの「一人・たくさんの利害関係・たくさんの意見・複数の投票・複数の代表者」という新しいルールへ[32]という言葉は、いったい誰にとってのルールなのかという点において、皮相的なものにならざるを得ないだろう。

格差によってもたらされた、少なくとも現状それ以外の方法では実現できないアーキテクチャ内において格差を論ずることは、決して無意味ではない。しかしそれは、そのような議論を可能にしている場それ自体に原理的に内在する問題を批判することとは、まったく次元を異にする。私たちが手にしたメディア技術を、あくまで管理も計測も予測も可能なものだと思うのであれば、そこにおいてやりとりされているのは、一連の統計データ群でしかない。要するに、そこに身体は存在しない。先に見た、人間を計算機に過ぎないと捉える落合陽一の人間観にとっては、むろん、ここには何の問題もない。だが、すべてが予測可能であること（完全に設計され監理された身体という幻想）と、すべてが仮想であること（議論するこの私の身体という基盤が喪失されること）は表裏一体である。メディアは私にとって透明でコントロール可能であり、同時に、それは何らリアリティを持たない空疎なものとなる。というよりも、そのときリアリティは、もはやこの私のたかだか選好に矮小化される。

けれども、やはりそれだけではない。ここまで見てきたように、メディアはそのデバイスが作り出され私たちの手元に届けられるその全過程において、ある固有の誰かたちの身体と不可分である。そしてそのメディアを通して何かを伝える行為は、ある固有の誰かの身体が負うリスクなしには実現されない。そしてそこで伝えられる情報はただのCGや統計データなどではなく、ある固有の誰かの身体をともなった具体的な歴史であり、苦闘であり、痛みであるはずである。

ただし、身体の重要性を主張するのみで十分なわけではない。遺伝子改変に対するハーバーマスの懸念は、その懸念を抱き、議論し得る人間そのものに対する改変であるからこそ取り返しがつかなくなるところにあった。メディアもまたそうなのだ。それは他のあらゆる技術と異なり、私たちがともに語る場そのものを創出する技術であるがゆえに、共同の原理に対して取り返しのつかない影響を及ぼす。

> インターネットは純粋に道具的な役割を演じるのだろうか。それともサイバー・スペースでの社会的・政治的なゲームそれ自体——すなわち運動や政治的行為者の形態や目標——に影響を与えるような、ゲームのルールの変化はあるのだろうか(33)。

おそらくいま私たちが目にしている変化は、単なるルールの変化などではなく、より深い次元における、いわばメディアの展開される場そのものの根本的な変化なのだ。だから、かつて労働運動が組織化されるため「舞台としての工場」や「パブ」が必要であった(34)のと同じ意味において、現代では民主主義を議論するための「グローバルな電子的広場《アゴラ》(35)」が必要なのだという程度の認識では、もはや十分ではない。なぜなら、身体の重要性を訴える議論が可能となるのは、まさに身体と不可分のメディアがそれを可能にする場を生み出しているからだ。それゆえ、メディアと身体の結びつきが変容するとき、その変容したメディアの場において為されるメディアと身体の結びつきについてのいかなる議論も、もはやまったく準拠点も持たないものとなるだろう。

接続性はいまや、グローバル社会の土台となった。要するに個人は世界と、政治よりもむしろ市場やメディアを通じてつながっている。〔……〕低賃金で働くアジアの労働者は、世界中の顧客が携帯電話の購入に払う値段を引き下げ、「サプライチェーンは」コンゴの鉱山労働者を香港空港でのダイヤモンドをちりばめた「ヴァーチュ」の携帯電話の購入者に結びつける。〔……〕接続性は共感を生み、我々の倫理観を高める。(36)

これもまた典型的テクノデモクラシー論者であるパラグ・カンナは、しかしなぜ私たちの倫理観が高まるのか説得的に論じることはできないし、するつもりもない。彼にとって接続性は既に約束された輝かしい未来であって、それ以外のことは過渡期におけるさして関心の持てない状態に過ぎない。「病院も電力もないような、世界の特に辺鄙な場所でも、人々は太陽光発電や人力発電で充電した携帯電話を持っている。それほど遠くない将来、誰でも第四世代（やがては第五世代）のブロードバンド無線技術を備えたスマートフォンを持つ時代が来るだろう」(37)。だが、彼はいったい、誰の労働によってもたらされる、誰にとっての未来について語っているのだろうか。それらのデバイスに必要なスズを精製するため奴隷労働につかされた人びとは、単に過渡期における混乱の犠牲者に過ぎないのだろか。固有の身体をともなわない接続性について語られる民主的世界の末路は、つまるところその程度のものでしかないだろう。

仮想化批判の仮想性

私たちは一九九一年の湾岸戦争当時、まるでゲーム画面のような爆撃映像に衝撃を受け、リアリティを喪失していく戦争への懸念を口にしていた。だが同時に、それをゲームのように気楽に見ていたのは私たち自身でもある。戦争そのものは常にリアルに多大な犠牲を生み出していくのであり、当時世間を賑わした戦争のVR化がどれだけ現実を反映していたのかは疑問である。VR批判自体が現実から遊離した仮想的なものなら、それは何の意味もないか、そこで犠牲となった人びとの軽視ですらある。

だが、私たちは動画配信サイトに溢れる爆撃映像を「戦争ポルノ」[38]として淫して楽しむだけではない。私たちはそれほど容易くデジタルメディア越しに「覗き見をする者」[39]となれるわけではなく、そこには幽かであれ生々しくであれ、私たちに突きつけられる他者の苦しみが現出している。

身体性を分断するもっとも象徴的な技術である無人攻撃機について考えてみよう。いまや兵士は高度と国境を超え、モニターによる断絶越しに他者を爆撃している。

ドローンによる攻撃を「有徳」[40]とさえ見なすことを批判し、あるいはこれらの遠隔技術によって戦争への閾値が下がることへ危機感を覚えることは正しい。だがその一方でこれらの批判にも疑問はある。そもそも直接対峙してその手によって為される殺害行為は――例えば一九九四年のルワンダ紛争時における山刀《マチェーテ》による虐殺は――それゆえドローンによる爆撃よりも有徳なのか。そしてまた、ドローンによる爆撃の無残さ、非道徳性を、それもまたドローンや衛星によって撮影された写真が伝えられるということ[41]を私たちはどう説明するのか。遠隔性が私たちの倫理的基盤を破壊するなら、私たちはそれらの写真を前にしても何も感じることはないということになるし、あるいはそこで生まれる感情もすべて偽善だということになるが、そのような主張にリアリティはない。

同様にそこでは、ドローンの操縦者たちがPTSDに苦しんでいるという事実も見過ごされる。無人爆撃機の操縦士は、遠く離れた安全な地に居ながら、モニター越しに決して対面することも名を知ることもない誰かを殺害し、定時には基地を出て子どもたちを迎えに行く。だが、ポール・シンガーが指摘するように、「目の前でアメリカ兵が殺されたあとで、PTAの会合に行」き、「敵の戦闘員の殺害を指揮したあとで、車を運転してわが家に帰り、二十分もしないうちに夕食をとりながら、子どもと宿題の話をしている」[42]操縦士たちは、メディア越しであってさえ戦場での殺戮と日常生活とのバランスを取ることができず、PTSDに苦しむ。[43]

このことは、デジタルメディアによる仮想化が、他者の他者性を喪失させるのではないことを示している。要するに、仮想化批判の多くは、批判の対象を自ら仮想的に創り出しているに過ぎない。

ここには根本的な誤認がある。貫通は、貫通して現前する他者が持つ全体性によってその力を持つ。このことはその他者単独が持つ時間の長短とは無関係であり、赤ん坊であればその両親や祖先に至る血の連なりが、そしてその子が身につけているさまざまなモノが、あるいはその子がいる部屋の空気につながる大気の流れが必ず在る。同じように、例えばスマートフォンのディスプレイに映し出される何かが、その瞬間、何の時間的、空間的背景も持たずに突然現れるということがあり得るだろうか。仮にそれがＣＧであっても、それを作り出したデザイナーが居る。プログラムが自動的に生成した画像であっても、それをプログラムしたプログラマが居り、彼／彼女が使用した言語を設計した技術者たちが居る。そのスマートフォンを作成した誰かたち、それをきみに届けた誰かたちが居る。それがまったく全体性を持たない、ただディスプレイの表面に貼りつけられた抽象的な光学現象でしかないと言うのなら、それらのすべてを捨象する暴力を働いている。

私たちはしばしばコンピュータゲームが現実と仮想の境界を曖昧にすると批判をする。しかしもし本当にその境界線を明確に認識する者がいたとして、ゲームの世界だからといってＮＰＣ（non player character、ここでは特にコンピュータゲームにおいて、人間のプレイヤーではなくコンピュータが操作するキャラクターのこと）に対して執拗に残虐な行為を働くとすれば、彼

／彼女が現実において極めて倫理的な人物であればあるほど、私たちはそこにある種の異常性を感じ取る。しかし逆にNPCに対して現実の他者に対するのと同じように倫理的に接するのであれば、その究極の姿もまた、現実と仮想の区別がついていないということになるだろう。同様のことは江戸時代における踏み絵についても言える。その初期において、キリシタンたちがなぜたかだか像に過ぎない踏み絵を踏むことを死罪になってでも拒絶したのか、そしてなぜ後期に至るにつれその踏み絵が力を失っていったのか。仮想化批判に偏重した言説に依るのみでは、明らかに共通する構造を持つこれらの問題を同一のフレームにより分析することはできない。だが、ここで本質的に重要なのは、全体性と貫通を通してそこに他者が現前するかどうかなのだ。

ただし注意しなければならないのは、安直な仮想化批判は私たちがデジタル化を語る際の大きな障壁となるが、しかしその向こうでは、確かにある特異的な変容が起きているということだ。そしてもう一つ、ここには間違えてはならない重要な点がある。デジタル化は、人間存在に変容を迫り、ある種の病理を生み出していく。だが、仮に私たちがデジタル化をコントロールし得たとしても、人間存在が苦しみから解放されるなどということはない。欲望の二重らせん構造が意味しているのは、そもそも人間存在が原理的に引き裂かれて在るということだ。それは必然であり、かつ、そこからこそ、あらゆる感情、あらゆる芸術、あらゆる狂気と愛、そして記憶が生まれてくる。私たちは私たちを病理から解放したいと願う。だがそのとき私たちは、どこか存在しない理想郷を目指そうとしているのではなく、そしてそこから外れた者を脱落者として、異端者として、あるいは未開人として非難し排撃し啓蒙し矯正しようとするのでもない。ただ人間であることの矛盾を引き受けようとしているのだ。

身体の喪失と残忍さ

先に見たように、複製可能性やオリジナリティの消失それ自体は、デジタル化固有の現象ではない。メディアは当初よりそれらの属性を持っていたのであり、メディアを通して顕現する他者はその他者性を失うことはなかった。全体と貫通はメディアがデジタル化される以前と以降において等しく適用できる原理であり、その限りにおいて、デジタルメディアはそれ以前のメディアと何ら変わるところはない。仮想化批判が問題なのは、少なくとも現時点ではまだ私たちの許に残されているであろうこの原理をも否定し、新たな共同性への最後の希望を失うことにつながっているからである。

だが、そこでは見かけ上その差異が極めて隠微であるとしても絶対的な変化が起きてもいる。私たちがこれまでの歴史で手にしてきたメディアと、いま私たちの手にあるメディアとの間には、連続性とともに断絶がある。デジタル化による断絶は、しかしそこに見られる機能的な相似によって不可視化される。デジタル化を基点として多様な現代メディア技術が出現し、そのそれぞれが過去のメディアと相似した形態をとっていくことを収斂と呼ぼう。

人間を表象するために遙か古代から行なわれてきた彫像制作と3Dプリンタによって成型された人物像はこの典型例となる。3Dプリンタ自体は従来の彫刻技術から連続的に生み出されたものではまったくない。それはむしろインクジェットプリンタから派生した技術であり、またそれが一般化するためには、現在、私たちの日常に溢れているさまざまなメディア技術の源泉となっている各種センサー群やネットワークなど一連の基礎情報技術が必須となるが、そのいずれも彫刻とは何の関係もない。にもかかわらず3Dスキャナによってデジタル化され、3Dプリンタによって出力された私たちの頭部は、中世フランスの使徒像頭部と——その芸術性についてはともかくとして——あまりにも似ている。これは驚くべきことではないだろうか？　だが、あくまでこの相似は、他者への欲望と技術への欲望という共通の存在論的背景によって方向づけられた結果でしかない。

けれども、デジタル化によるメディアの断絶について語るのであれば、私たちは結局のところ、対面的な関係を特権化し技術を批判するありきたりの人間論に陥るのではないだろうか。

ジュディス・バトラーは身体性を重視した独自の政治哲学／倫理学を展開しているが、同時にそこではグローバルな空間においてメディアの果たす機能が単純に否定されているわけではない(44)。バトラーは街頭に人びとが参集しデモを行なう状況を分析するなかで、そこで起きていることを伝える「コミュニケーションの諸装置とテクノロジー」がいかに身体と分離できないものであるのかについて語っている。「カメラあるいはインターネット能力を持った人々が投獄され、拷問され、あるいは国外追放されるという条件下では、テクノロジーの使用は事実上、身体を関与させることになる。誰かの手による入力と送信が必要なだけでなく、その入力と送信の痕跡がたどられるとすれば、誰かの身体が賭けられていることになる」。[45] むろん、バトラーはメディアが検閲する側に容易に転ずる可能性を理解しているし、またその多くが企業に所有されたものであることも承知している。したがってここでは楽天的にメディアの持つ力が称揚されているのではないし、メディアが客観的かつ公正にすべてを伝え得るなどと想定されているのでもない。そしてもう一つ、そこには必ず、メディアが伝えきれない「ローカルな何か」、すなわち身体が残る。

もし私たちが、ある人々が危険に曝されており、その危険がまさしく、これら諸身体が街頭にいることによってもたらされている、と理解しないとすれば、その光景は光景ではありえないだろう。〔……〕重要なのは、それら諸身体が携帯電話を持ち、メッセージや映像をリレーすることであり、彼らが攻撃されるとき、それはよりしばしば、カメラあるいはヴィデオ・レコーダーとの関係において起こる。〔……〕身体の行動はテクノロジーから分離可能だろうか。[46]

安全なところから世界各地で起きているさまざまなデモや暴動、内乱や戦争を眺めているにもかかわらず、その映像の仮想性を批判して正しい言説を為したかのように誇る、そのような浅薄な立場から遠く距離を置くバトラーの指摘は、身体に徹底して軸を置きつつメディアを分析している点において、仮想化批判の問題を乗り越えている。そして本書の出発点にある他者原理が、バトラーの他者に対する開かれについての議論に多くを依っていることからも明らかなように、私たちはメディアの始点としての他者の身体だけではなく、それを受け取るこの私という終点にも目を向ける必要がある。他者により貫通されるこの私を問うことなしに、私たちは真の意味でデジタルメディアを分析することはできない。

そしてそこでは同時に、この私というものが単なる抽象概念ではないことにも注意しなければならない。ポストヒューマン思想では、しばしば精神のデジタル空間へのアップロードが語られる。そしてそれは（1）オリジナルの精神とコピーされた精神が同時に存在する場合、（2）何らかの理由によりオリジナルの完全消去が前提となる場合、の二つに分けられる。だが明らかに、同時に存在する二つの精神は単に別個の精神に過ぎないし、オリジナルの完全消去が前提とされるときそれはやはりオリジナルの死でしかないと私たちは感じる。(47) だがそうであるのなら、例えば脳の一部の機能を少しずつソフトウェア／ハードウェアに移植していくとしたらどうだろうか。仮に五十年かけてそのような移行をした結果、脳の機能の九〇パーセントをソフトウェア／ハードウェアに移行できたとして、私たちはそれでも直感的に精神の死を感じるだろうか。

〔マサチューセッツ工科大学教授ダニエル・クレヴィエはその著書において〕機械的体の中の不死は体の復活についてのユダヤ教的またキリスト教的伝統に完全に合致していると主張している。彼は、「脳細胞が徐々にそして最終的に、同一の入出力機能を備えた電子回路によって取って代わられること」は、「心を一つの支柱から別の支柱に移す」ための一つの方法を提示することなのだと示唆している。そのような移動はクレヴィエがキリスト教信仰と合致するとみている魂の物質的超越を可能にするのである。(48)

カソリック神学者のノリーン・ヘルツフェルドは、このようにダニエル・クレヴィエを批判的に引用する。人間の技術によって神の永遠に到達しようとするクレヴィエの立場がキリスト教信仰と一致する余地など、もとよりありはしない。とはいえ、もしこれが義肢や義眼、あるいは人工内臓であったとしたらどうだろう。私たちがそれらの装置を身につけた人を見て、あなたは人間ではない、と切り捨てることはあり得ない。それが――記憶力や感情のコントロールなど――脳の機能の一部を代替するものであっても同様かもしれない。確かに、それらの機械は人間の認知を変化させるだろうし、それゆえ人間存在それ自体も変化していくだろう。だがその変化自体は、多かれ少なかれ人類のこれまでの生の営みにおいても常にともに在り続けてきたものだ。だから、問うべきなのはやはり、思考をデジタル化可能であるとし、そしてそれが反射することにより人間存在そのものがデジタル化可能であるとするような人間観の変容それ自体にある。

ここで私たちは再び時間の問題に戻る。クレヴィエの議論は「徐々に」を支点として歴史性を纏い、その正当性を偽装しようとする。しかしクレヴィエの中においてその人間観の変容は既に結論されており、単にそれを未来に投影しているに過ぎないのであれば、そこに歴史は存在しない。

歴史が非在の、永遠に静止して無限に透明な世界には、もはやいま・ここも、そしてその焦点となる身体もない。だとすれば私たちに残されるのは、生命さえもデータとして一様化したその世界で創造のイミテーションとしての幼稚な遊戯に耽る、残忍な暇つぶしより他にないだろう。

記憶と記録

私たちが生きている現代メディア社会の特徴は、高度に発達し極小化、低コスト化、ネットワーク化した技術が私たちの周囲に溶解していくことにより、従来の環境と一体化し新たな環境を生み出すというところにある。認識されるかたちをもはや持たないメディアによって、コミュニケーションも根本的な変化を遂げる。そのことはまた他者の在り方を、そして他者を存在の根源に持つ私の在り方を変容させることになる。

それは、現代メディア技術を象徴するライフログなどにおいて明確に観察できる。ライフログにせよ、そこから永遠かつ無限に生成されるビッグデータにせよ、それはあくまでビットに過ぎない。この当然のことは、しかし現代メディア技術が環境化するにつれ意識されることさえなくなっていく。そのとき私たちはビットと生命を同一視することになる。

私たちはデジタルデータを永続的なものと思いがちだが、しかしそれは単に複製容易性を誤認したものに過ぎない。しかしいずれにせよ人間はそこに永遠を見出し、自らの生の記録《ライフログ》を刻みたいという衝動から逃れられない。

本来、私たちは私たちが在ったということを、他者をメディアとしてその記憶に頼り遺すことしかできなかった。それが私たちの共同性の根源的動因の一つであり、また歴史の連続性[49]を保証していた。そこではしたがって、繰り返される死と生が、逆説的に不死を与えていた。しかしもはや私たちは他者などという不確かなメディアに頼る必要はない。あらゆる環境に溶けこんだメディアが私たちのすべてを記録し、事実上の永遠性を付与してくれる。他者への欲望はその二重らせんの破断の圧に耐える必要を私たちが失ったとき、永遠への欲望に変わる。必然性と予測不可能性の双方を同時に帯びるものの極北に在った死が管理可能な技術的問題へと転じることにより、他者からの超越的呼びかけは不要となり、ただ閉じて決定論的なモノローグだけが残される。このことはしょせん劣化する過渡的なデジタルメディアが、やがて永続的に記録を保持できるメディアへと置き換わっていくときに貫徹されるだろう。

そのとき、他者からの超越的な呼びかけによって在らしめられていた私は逆転し、個として完結した世界のなかで、すべてはこの私に支配されるものとなる。私は神としてあらゆる他者を創造し支配することができるし、技術をそれ以外のために用いる必要もなくなる。最初期の写真術においては、まだ私たちはそこに写された人間に畏怖を感じることができた。ロラン・バルトならそれを「プンクトゥム」――支配できないもの、私たちに狂気を迫るもの――と呼ぶだろう。だが3Dプリンタで臓器をすら好みに応じて自由に複製できる時代が来るとき、一切の畏怖を失った世界は、事実上無限のリソースになる。このとき技術への欲望もまた、無限への欲望に変化する。

存在の根源に刻まれた欲望の二重らせんの破断の圧に耐えることのないままに生存が可能となるとき、私たちは永遠と無限を与えられたかのように錯誤する。そのとき世界には、それぞれが完全に個として隔絶された疑似的な神々のみが残されることになる。

しかし自立した個人など、いついかなる時代、いついかなる場所においても幻想でしかない。現代社会が私たちに与えるのは、本質的な意味ではなくあくまで刹那的な範囲での物理的生存でしかなく、畏怖すべき他者から切り離されたこの私は、存在論的基盤をどこにも持てない。人類の共同性はビッグデータが情報空間のなかでうねる、その全体の位相のなかに消失していく。そのとき人間が自らの存立基盤を持てないことへの存在論的不安を抱き続けられるかどうかについては悲観したくなるが、少なくともいまこの時点において私たちにはその不安が残されている。しかし同時に、他者への欲望が永遠への欲望に変性しているまさにその瞬間である現代社会を生きている私たちは、その欲望に逃れがたく惹かれてもおり、それゆえ、私たちの抱く他者への畏怖はデータへの畏怖へと歪に変貌する。他者も神も自然も消失した世界において、いまや私たちの神殿に鎮座するのは巨大なスーパーコンピュータだ[50]。ハイデガーの「集‐立（Ge-stell）」[51]からナンシーの「集積（struction）」[52]に至る存在論＝技術論は現代における人間像を見事に示しているが、そのもっとも優れている点は、現代科学技術の先に人間の消失があることを鋭く描き出したところにある。

サイボーグ化技術や遺伝子操作が現実のものとなり、私たちはいま、人間という言葉が指示しているものは何かを問わなければならない時代を生きている。しかしでは、そのように問う私とはいったい誰なのか、人間とはそもそも何なのか？　その問いを無視したポストヒューマン論は、人間を掲げていながらも人間の理解に達することは決してない。人間存在の歴史を記憶の拡張として捉え、サイボーグ化をその歴史のなかに位置づけるアンディ・クラークの議論[53]はその一点において重要な問いかけをしている。

技術による記憶の拡張の是非をコントロール可能性の下に問題にすることにも、自然本性に根差した記憶の伝承に理想を見出すことにも意味はない。技術への欲望は、ライフログやビッグデータ、そしてＩｏＴ（Internet of Things、あらゆるモノがインターネットに接続され、相互に通信をして巨大なネットワークを作り出すという概念）といった諸技術の極限を目指し続ける。それは私たちが生きる環境を根底から変化させ、私たちが記憶と呼んでいるものの定義を変えることになるだろう。それが人間存在を変容させていくことは、したがって避けようのない歴史的必然となる。むろん、本書もサイボーグ化技術の軍事利用やデザイナー・ベビーといった諸技術に同意するわけではない。だが同時に、倫理的に望ましくないものと技術的に可能なものの対立といった旧来の枠組みを脱しない限り、倫理が現実的な——プラグマティックなということではない——有効性をどこまで持ち得るかは疑問である。

いまや私たちは遺伝子そのものに記録を残すことも、[54] チップに他者の記憶を焼きこみ自分の脳に移植することも[55] ＳＦとしてではなく語れる時代に生きている。検索結果から望ましくない情報を削除することを「忘れられる権利（Right to be forgotten）」と呼ぶ。[56] 環境化するメディア技術は、私たちの全行動履歴を環境に刻まれた永続的記録へとシームレスに接続する。やがてそれが記憶と同一視されるようになったとき、人間存在とはいかなるものになっているのだろう。それは決して完璧な楽園などではなく、欲望の二重らせん構造がついに破断し、歴史が喪失された社会でしかない。そのような時代においてなお、私たちは記憶を残すことが可能なのだろうか。

全体性や技術、そして死を巡り独自の思想を巡らせているベルナール・スティグレールは、人類の起源には記憶技術（hypomnésis）があると言う。[57] だが、言語や壁画と、石英ディスクやライフログとの間にある差異とは——もしあるとするのなら——いったい何だろう。少なくとも言えるのは、私たち人間存在にとっての技術がコントロール不可能であるのなら、記憶もまた私たちにはコントロール不可能なものだということだ。私たちには忘れられる権利などないし、覚え続けてもらえる保証もない。それが共同体の歴史のなかで（死をも含んで）生きるということである。しかしだからといって、私が自らの生に無責任でいられるわけではない。共同体の歴史と存在の根拠の安易な接続は、全体主義につながるから問題なのだけではなく、それが不可能であるからこそまったくのナンセンスなのだ。同様に、もし永遠への欲望と無限への欲望に突き動かされるままに技術による記録を全面化していくのなら、私たちはついに完全な個を手にしたかのように見え、その実、政治性を完全に濾過した新たな技術的全体主義のなかで生きることになる。しかしそれもまた、私たちに永遠と無限の幻想を与えるに過ぎない。

むしろ逆なのだ。私たちは他者原理によって誰もが自らの基底に他者という不透明性を抱えており、また誰もが誰かにとっての他者としてその誰かの生を逃れようもなく担っている。その全体、時間と空間のなかで同時に湧き上がるきみと私の関係の耐えがたいまでに巨大な畏怖の全体にこそ、この私という存在への呼びかけが残されている。

個人認証

だが、私がこの私であるということは、何によって保証されるのだろうか。自分の親や兄弟姉妹に対してこの私であることを保証するとき、一度も対面したことのない誰かたちに対してSNS越しにこの私であることを保証するとき、あるいは人間の存在しないシステムに対してこの私であることを保証するとき。これらの比較を通して、デジタル化の前後によってこの私の存在の基盤がどのように変化してきたのかが見えてくる。

ある地域共同体内に暮らしている誰かであれば、それが誰であるかは、その共同体内に暮らす者であれば誰でも知っているだろう。しかもそれが単純にある一時点における知識としてではなく、どの家に生まれ、どのように育ってきたのかまで含めた歴史的な過程として共有されているという事実が、そのことの善悪を超えて、この私の固有性に実体を与えている。(58) しかし他方で、さまざまな地域から大量に人口が流入してくる都市において、あるいは国民国家が成立していく時代において、このような歴史的連続性のなかでの対面関係による保証は成立し得なくなる。

通常、私たちはこの私であるということに対して疑問を抱かない。しかし、いくら自らをこの私であると思っていたところで、それは社会的次元では何の保証にもならない。そこで私たちには、この私であることを社会に対して保証する何らかの手段が必要となる。

橋本一径は、かつて私たちの名前は、各々の人生の変遷にあわせて改名されていく、いわば「「生き物」としての日常的な名前」[59]であったとする。しかしそれは、国家が国民を管理するためにはあまりに非効率な習慣であり、やがて一七九二年のフランス国民公会による政令《デクレ》第一条「いかなる市民も、出生届に記載されたものとは別の性や名を名乗ることはできない」にて明示化されるように、名前は戸籍により管理され変化を禁じられた個人識別票となっていく。

しかし管理を目的としたこのシステムには問題がある。ここには届けられた名前とその名前を持つ身体とを結びつける確実な方法がないのだ。この制度が制定された当初は、役所の窓口まで新生児を連れて行く必要があった。これはあまりに新生児に負担が重く、またそのようにしたところで、その子供の肌に名前を直接彫りこむのでもない限り身体と名前を一意に結びつけることはできない。それゆえ、結局新生児を連れていかなければならないという規定は廃止されるが、そうすると、他方では名前がシステムによって永続的に固定化され管理されたものとなる一方で、身体は相変わらず野放図に生きて変化し続けることになる。

この、生きた身体と戸籍によって管理された名前との分離は、人口が増え、国家による管理が強化されていくにしたがい、重大な問題となってくる。それが特に顕在化するのは、犯罪者管理においてである。

橋本一径によれば、十八世紀のパリにおいて犯罪者管理の重要性が認識されるようになった当初、犯罪者の身元特定のためには写真が有効であると考えられていた。ある逮捕者に前科があるかどうかは累犯加重にも関わるが、それを調べるためには身元確認が必須となる。しかし誰かが誰であるのかを特定するのは、誰もが顔見知りであるような地方の小さな町とは異なり、このとき既に数十万人の人口を抱えていたパリのような都市では大きな困難をともなう。もしその逮捕者が自らの登録された名を名乗らないのであれば、それはほぼ不可能だろう。当時のパリでは、犯罪者への焼き印は既に禁止されており（一九三二年には全廃）、ここでも生きた身体と登録された情報との乖離が起きることになる。

だが、写真による管理は非現実的であることがすぐに明らかとなった。例えば誰かが逮捕されたとき、過去の犯罪者の一連の写真の中からその顔を検索し、前科があるかどうかを確認するとしよう。すると、私たちは膨大な前歴者の写真から、在るかどうか分からないその逮捕者の顔を探し出さなければならないことになる。しかも、彼らは写真がそのように利用されることを当然知っているため、逮捕され記録のために写真を撮影されるとき、顔を背け、あるいは常態とは異なる歪んだ表情を浮かべる。(60) そもそも普通に撮影されたポートレートでさえ、時と状況の変化によりそれが本人かどうかの判断に迷うときがある。ましてまともに写真を撮らせようとする警官たちとの異様な闘争の現場、その全体が写された写真は、それ自体でそこに写された彼らの現前性を強烈に私たちに主張するが、しかし人物特定の役には立たない。

そこで重要になってくるのが分類法である。パリ警察の職員であったアルフォンス・ベルティヨンは、少なくとも当時は改変の難しかった身体的特徴を抽出し、客観的な数値によって分類する手法を編み出した。だが一時期は主流となったこの人体測定法(61)も、すぐに、より客観的で簡易的であり、かつ正確に個人を同定できる指紋法(62)に代わられることになる。

人類はここで、自己が自己であることの証明を客観的物証によって確立されていく時代に突入することになった。重要な点は、登録された情報と生きた身体とを結びつける具体的な手法というよりは、むしろそのようなことが可能であるという私たちの認識の変化にある。その概念が本質的に持つ効率性ゆえに、登録対象は、もはや犯罪者だけではなく一般市民にも拡大されていく。登録されることに対する私たちの抵抗感は、「自分の真の身元が間違われないことが何よりも大切であるはずの善良な人間にとって、それがどんな苦痛の種となるのであろうか」(63)として退けられる。

いま、私たちは役所に行き、見知らぬ窓口職員に身分証を提示し、何らかの証明書を発行してもらう。あるいは対面さえせずネット上でパスワードを入力し、クレジットカードによる支払いを通して、どこか遠くに居る誰かから何かを購入したりもする。それはまさに本人であることの信用《クレジット》であり、あるいは本人が誰であれ支払いが保証されている、すなわちその支払い能力こそが本質であることを示す与信《クレジット》でもある。

私たちは愛する誰かを、あるいは自分自身を永遠に残したいと願い、所有しようと欲する。しかし私たちが私たちの生を記録しようと思うとき、それはいずれ死ぬ私に代わり他者の記憶に頼るか、高いコストをかけ肖像画などに記録するより他はなかった。だが、やがてＲＦＩＤ（規格化は一九九〇年代以降）やＣＭＯＳカメラ（商品化は一九九〇年代以降）、そしてＧＰＳの民間への開放（一九九六年）などを通してメディア技術が環境化していくなかで、私たちはライフログやビッグデータを通して、自らの生を望むだけ記録できる時代を生きることになった。共同体における記憶の営為からデジタル記録への移行が現実のものとなったとき、それは技術によって記録可能なもののみが生命であるという人間観の変質を生み、そのための技術と絡み合いつつ互いを極限まで深化させていく。ここには人間存在の原理から発する指向性があると同時に、デジタル化によって引き起こされた本質的変容もある。

肖像画について考えてみよう。肖像画とは誰かがある固有の誰かを描き出すものだ。むろん、そのイメージの生成は理想化や象徴化といったさまざまな変換過程を経ている。しかし少なくともそこではある固有の誰かへと通じる経路が確保されていなければならない。ある種の芸術を除けば、固有性がまったくない何らかのイメージを、私たちは肖像画とは呼ばない。このことは逆に、ある固有の誰かへの経路が確保されている限りにおいて、それはそのメディア技術の種類を問わず、肖像画たり得るということを意味している。しかし同時に、肖像画が誰かの固有性から導き出されるだけではなく、肖像画から誰かの固有性が導かれるのもまた事実である。

私たちは絵画において必要な修練も、初期のカメラがそうであったような技術的訓練もなしに、ただスマートフォンを向け軽く指を触れれば、自分自身も、自分自身が見ている光景も、容易く記録できる。二〇〇〇年にいわゆる自撮り機能を持った携帯電話(64)が国内で発売されてからわずかな年月の間に、この機能は凄まじい進化を遂げてきた。いまや私たちはこれらのデバイスにインカメラ／アウトカメラがあることを当然だと感じている。また、それに飽きたらず、三六〇度全方位を記録できるカメラが市場を拡大している。だが、ここで視点の、つまり記録の中心になっているのはあくまでカメラそれ自体である。この私の見ている世界を記録しているはずのこれらの記録は、この限りにおいてこの私を主とはしていない。この重要性は、先に見たツヴェタン・トドロフの議論からも分かる。ルネサンス期に入り個人が前面化する時代が開始されると、肖像画においてもそれを描く画家の固有性が前面化していく。その固有性が現れるのは第一に署名であり、第二に自らの絵のなかに自らの姿を描くことであった。しかしトドロフによれば、絵画のなかに画家自身が入りこむためのもっとも効果的な手段は、「画家自身の主観的な視点からこの絵画空間を再現表象すること」(65)であった。カメラがよりウェアラブルになることでこの私の視点に近づいていくことには、それゆえ必然性がある。けれどもそれは、記録の主体をカメラからこの私へ取り戻すことを意味しているのだろうか。そうではない。このような技術の変遷こそが、この私の生についての記憶とデジタル化された記録との差異を、ますます不可視化していくのだ。ここから三つの帰結がもたらされる。第一に、この記憶と記録の差異の不可視化は、デジタル化された記録こそがこの私の見ている光景なのだという転倒を引き起こす。第二に、そこで記録しているのはデジタルデバイスであり他者ではない。それゆえ、それは意のままにならない他者による、だからこそ切実な願いや闘争、諦念や愛といったさまざまな相をともなって刻まれるこの私の存在の記憶ではなく、完全なコントロールが可能であるという幻想に満たされた、この私だけが存在する孤絶した世界で永遠に静止したデータとなる。私たちは私たちのささやかな日常のあらゆる場面を撮影する。私たちの目の前にあるものを、そしてそれを目にしている私たち自身の姿を。遺影がデジタルフレームに映し出されることに違和感を抱かない時代において、私たちは既に永遠／不死を前提として記録を録っているのではないだろうか。そして第三に、そのとき私たちは、見ることと見られることとの間にある断絶を喪失し、スマートフォン、ウェアラブルカメラ、そして監視カメラ網（それはもはやこの私の日常を記録するために必須の基本的人権としてのサービスになるだろう）による、自己と環境とがシームレスにつながった世界観によって自己確証を得るようになる。要するにそれは、この私がデジタル化された神になるということだ。

ライフログに代表されるメディア技術はそのまま管理へ転用される。私たちは既に、GPSの強制装着による犯罪者管理（米国における性犯罪者のGPS監視、Sexual Predator Punishment and Control Act: Jessica's Law など）を行なっているし、街中に張り巡らされた監視カメラ網やドライブレコーダーは善良な人間の生活を守るための正当な権利にさえなっている。最新の顔認識技術はかつてパリ警察が抱えていた困難さなど遙か過去のものとしている。[66]だがこれらのことは、それ自体としては本質的なことではない。

問題は、かつて私が私であることを連続的に保証していた共同性が、現在ではデジタル記録されたデータの総体によって代替されているという点にある。それは社会システムの変容だけではなく、人間存在の固有性がそれらによって保証されるのだというような私たちの人間観の変容も示している。私たちの固有性を保証するパスワードは、常に忘却と漏洩の危険に曝されている。しかしライフログやビッグデータ、そしてIoTといった諸技術によって、私たちはデジタル記録そのものにより、この私の固有性を保証してもらうことが可能になる。極論を言えば、生まれてからいままでのこの私の全行動履歴は、この私にしか可能でないパターンをその背後に隠している。いつの日かそれによりこの私の固有性が最大限に保証されるようになるだろう。

橋本は、このような時代においてなお、パスポートや各種IDカードに、人物確認としては極めて曖昧で不十分なポートレート写真が貼られているのはなぜなのかを問うている。彼はそれを「身元を確認する側のためばかりではなく、確認される側のためのものでもあると考えるべきなのではなかろうか」[67]と書く。おそらく本質的にこれは正しいが、同時に、それは単に過渡期の問題でしかないかもしれない。デジタルデータによる認証が私たちの生活へ現在よりさらに浸透したとき、そこでもIDカード上に私たちの身体画像があるかどうかは疑問である。そしてより悪くは、もしかするとそのポートレートは、最新の生体認証技術によって保証されていることを誇る、もはや隷属物となった身体の逆転した自己顕示でしかないのかもしれない。

IDカードとそこに掲載された写真の関係については、Celia Irina González ÁlvarezとYunior Aguiar Perdomoの二人のキューバ人アーティストによるユニットCelia-Yuniorによる作品《Registro de población》が興味深い［図3］。彼らは同一の、あるいは極めて類似した複数のポートレートを用い、複数の身分証明書を発行させるというメディアアートを展開した。身体の固有

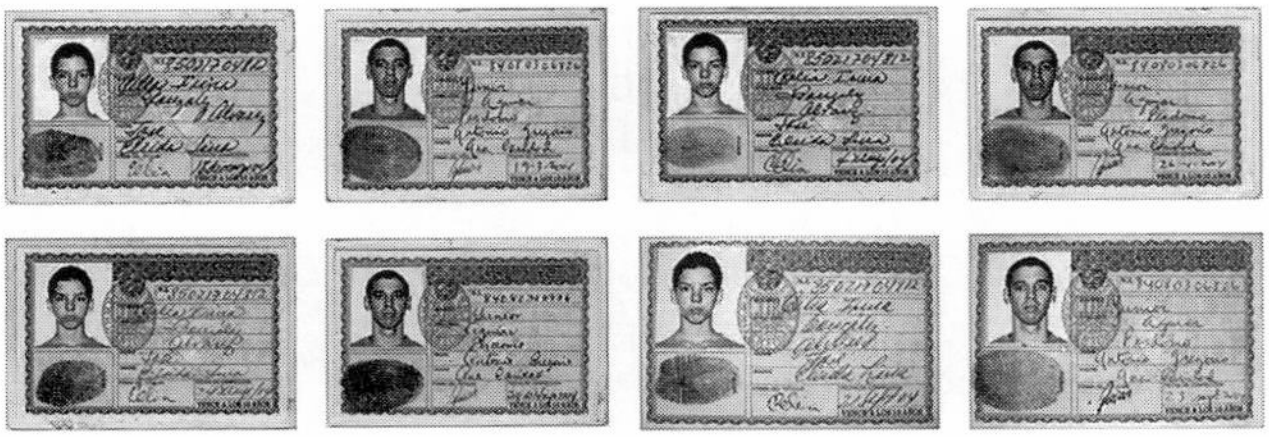

図3　Celia - Yunior
《Registro de población》
Action, Documentation. 2004.
出典：https://www.celia-yunior.com/registro-de-poblacin

性を前提とした写真をその法的有効性の条件とする身分証明書に対する彼らの揺さぶりは、「アイデンティティの証明と結びついた唯一無二の固有性を突き崩」[68]す。しかしこのような抵抗が可能なのは、デジタル化による個人認証が身体を必要としなくなることを私たちが積極的に受け入れるようになるまでの、束の間のことに過ぎないのかもしれない。

見ることと見られること、記憶されることと記憶することの間に横たわる断絶が消失したとき、私たちはただこの私だけが浮かぶ孤絶した宇宙における神となる。だがその宇宙は、つまるところ、その外には何があるのかという問いが常に可能でしかない、矮小な模造品として宇宙に過ぎないだろう。

3Dプリンタから世俗的な神へ

デジタル化はこの私の存在の原理から他者を除き、私があたかも完全な個として在るかのように私たちは誤認する。同様に存在の原理から他者を喪失させる典型的なメディア技術として、3Dプリンタがある。私たちは無から有を生み出すことはできない。それができるのは、もし私たちが何らかの形で信仰心を持っているのであれば神だけであり、あるいは自然科学的な何らかの原理であろう。しかしいずれにせよそれらの神や自然原則もまた、私の存在の根源において他者として顕現する。神はヨブに対してついにこの宇宙の始原の謎について明かすことはないが、[69] これは神や宇宙というものが私の存在の根源にあるにもかかわらず、この私の理解の限界を超えたところに在り続けるものであることを端的に示している。だが、もしこの私により、無から有を作り出すことがあたかも可能になったとしたらどうだろうか。それを実現する技術が3Dプリンタとなる。

遠藤薫は、コミュニケーションとは「あるメッセージ（情報、コンテンツ）がA地点からB地点へと送られること」であり、「この送信を媒介する（あたかも、道路や鉄道が人や物の移動を媒介するように）のが、「メディア」[70]」であると定義した上で、SNSなどの現代メディア技術は、発信元と受信先で情報が同時並存するという点において、モノのコミュニケーションとは決定的に異なると指摘している。

遠藤は、モノは、たとえ複製技術によって複製可能であったとしても、それ自身確かな物質的実体を持つ以上その自由な改変は原理的に不可能であり、一方、現代メディア技術は「デジタル（データ）化され実態も場所も持たない抽象世界での「情報それ自体」の「再製」を可能に」しており、その点において従来の複製技術よりも遙かに社会に影響力を及ぼし得る「メタ複製技術」[71]なのだと言う。ここで遠藤の複製性に関する分析の背景にあるのは、ヴァルター・ベンヤミンの議論である。

芸術作品は、原理的には、つねに複製可能であった。人間が制作したものは、たえず人間によって模造されえたのである。〔……〕これにたいして、複製技術による芸術作品の再生産は、ぜんぜん異質のことがらである。これは、歴史のなかで間歇的に、それもながい間をおいて、しかし、しだいに強力におこなわれてきている。古代ギリシャ人が知っていた芸術作品の複製技術の方法は、ふたつだけであった。鋳造と刻印である。ギリシャ人によって大量生産された芸術作品は、ブロンズ像、テラコッタ、硬貨だけであった。その他はすべて一回かぎりのもので、技術的に複製することができなかった。(72)

遠藤の主張は正しいが、しかし3Dプリンタという技術は、いまやモノそれ自体さえもが同時並存性を持つようなコミュニケーションの時代が到来したことを示している。ここでも私たちは、ベンヤミンの知覚のメディアの重要性を思い起こす必要があるだろう。すなわち、メディアの在り方が自然的、歴史的制約を受けた私たち人間の在り方そのものと密接に関連している以上、これは人間存在の変容を問うことでもある。

では、モノそれ自体が同時並存性を持つとはどのような事態を指すのだろうか。現代メディア技術が膨大な量の情報のやりとりを可能にし、それが物理的な（いわゆるリアルの）世界にまで影響を及ぼしているとしても、やはり私たちの生活はモノに囲まれ、モノを基盤として成り立っている。私たちは情報を食べるわけにはいかないし、情報の上で暖かく丸まって眠ることもできない。クリス・アンダーソンはそれを「アトム（＝

モノ）」と「ビット（＝情報）」という言葉を用いて説明している。

僕たちが「オンラインの世界に生きている」と言う人もいるが、日常の出費や生活となると、それは誤りだ。僕らはモノに囲まれたリアルワールドに生きていて、食べ物や服、車や家が欠かせない。人間の脳だけが身体から切り離されてタンクの中で生きるようなSF的未来が訪れない限り、それは続く。ビットの世界は刺激的だが、経済のほとんどはアトムでできている。[73]

けれどもそれだけではない。3Dプリンタに代表されるようなモノの複製技術が一般的になっていく世界において、アトムとビットの境界線は限りなく曖昧になっていく。「だれとでもコラボレーションでき、オンラインで世界中と共有され、編集され、再発見され、無料で譲られ、もし秘密にしたければ、そうすることもできる。アトムが新たなビットになるのは、要するに、アトムがビットのごとく振る舞えるように作られるようになったからだ」。そして何よりも重要なのは、ビットのごとく振る舞うアトムに対して、私たちが「コピーやシェアと同じくらい簡単に変更を加えられることだ。僕らはリミックス文化の中に生きている」[74]。

3Dプリンタ（＝ビットをアトムに変換する技術）を使用するためには、まず3D

図4　ヘザー・デューイ＝ハグボーグ《Stranger Vision》
Installation at Saint-Gaudens National Historic Site. 2014
出典：https://deweyhagborg.com/projects/stranger-visions

データが必要となる。高度なそれを作成するためには専門的な知識と習熟が求められるが、簡単なものであれば、現実に存在するモノのかたちを取りこんでしまうのがもっとも早いだろう。この、アトムをビットに変換することを、リアリティ・キャプチャと呼ぶ。興味深いことに、3Dスキャナを最初に使うとき、「なぜだか、最初は自分の頭を取り込む人が多い」[75]と言う。また、ヘザー・デューイ＝ハグボーグの《Stranger Vision》は、道端に捨てられた吸い殻などからDNAデータを採取し、そこからその人物の顔を再現して3Dプリンタで出力する［図4］[76]。さらにかつて提供されていた「天使のかたち」というサービスでは、胎児を超音波エコーで撮影し、その顔を3Dフィギュア化できた。ここには直感的に、何かしら不気味さが秘められてはいないだろうか。私たちはなぜ、私たちの、あるいは他者の顔を3Dプリントしようとするのか。

　3Dプリンタと顔の関係を考える際に、バルトにおける他者の顔の写真[77]についての議論が参考になるだろう。言うまでもなく写真は、他者を複製する技術であるという点において3Dプリンタの前史に位置づけられる。

そこに現れる被写体としての他者は、私たちを慰め、安心させ、支えてくれるような存在ではない。それは写真を貫通して現前する手に負えないものであり、むしろ狂気すら引き起こす怖ろしさを秘めている。それゆえ私たちは、その狂気を飼い馴らすために写真を大量に複製し、一般化し、ありふれたものへと無毒化していく。

しかし本当に、写真に写された他者は私たちを突き刺し得るのだろうか。ベンヤミンは複製技術によって芸術からアウラが消失していくと考えた。[78] 写真の発明により芸術は礼拝的価値から展示的価値へという徹底した変化に曝されることになったが、[79] それでも、アウラがそう簡単に消えるものではないということもまた、彼は十分に理解していた。そのアウラが最後の避難先として選ぶのが、人間の顔である。

初期の写真術の中心に肖像写真がおかれていたのは、けっして偶然ではない。遠く別れてくらしている愛するひとびとや、いまは亡いひとびとへの思い出のなかに、写真の礼拝的価値は最後の避難所を見いだしたのである。古い写真にとらえられている人間の顔のつかのまの表情のなかには、アウラの最後のはたらきがある。[80]

ただしこれは、あくまで銀塩写真に限った議論ではある。デジタルカメラの誕生は、若くして亡くなったヴァルター・ベンヤミンの死後三十五年を待たねばならなかった。そのとき、すなわち複製技術が進展しアナログからデジタルへと変わったとき、アウラは最終的に失われる、とジャン・ボードリヤールは言う。「アナログ写真は、まだ、主体から客体へといたる究極の存在感を証言していた。われわれを待っているのは、デジタル化の大波が押しよせて拡散するまでの、最後の猶予期間なのだ」[81]。「最後の避難所」「最後のはたらき」「最後の猶予期間」……。しかし相変わらず私たちは、互いの顔を、そして自分自身の顔を撮り続けている。そこには確かに、固有性を一切剥奪された対象の消費という側面がある。すべてがシミュラークルと化した社会において、シミュラークルと化した私たち自身の姿をいくら撮ったところで、そこに真の意味でのアウラがあろうはずもないし、そもそもベンヤミン自身、アウラの喪失を嘆いているわけではまったくない。

「たまゆらの映像を定着しようとするのは」と、その記事には書かれている、「ドイツ人の周到な研究によって証明されているとおり、できない相談であるだけでなく、そのような望みをいだくこと自体が、すでに神にたいする冒瀆である。〔……〕」ここには、きわめて粗雑なかたちで、〈芸術〉についての俗物的観念が顔をのぞかせている。[82]

ベンヤミンはこのように述べ、使い古された芸術観を批判している。彼は、芸術作品からアウラが失われた後、大衆があらゆる事物を自らの近くに引き寄せようと望み、複製を生み出して所有しようと欲することは避けられないと言う(83)。けれども同時に、私たちはベンヤミンほど（自分自身も含めた）大衆なるものに信頼を寄せられるかと言えば、それもまた疑問ではある。

ボードリヤールはシミュラークルが三段階にわたって深化してきたと考えている。その最初の段階は、階級社会によって記号の持つ意味が固定化されていた時代（「拘束された記号の時代」）から、記号が解き放たれあらゆる階級によって自由に用いられるようになる時代への変化である。「かつては地位の秩序の特徴であった、記号の同一階級内だけでの流通に、競争的民主主義がとってかわる」(84)。けれどもそのとき記号はかつて纏っていた権威の基盤を持たず、それゆえ、あこがれから自らの準拠点として自然を目指すことになる。しかしそれは結局のところ自然の模造としての自然らしさでしかない。この、自然へのあこがれと模造が、人間を世俗的な造物主にするのである。私たちは漆喰やコンクリート、あるいはプラスティックを用いて――奇しくもボードリヤールの挙げているこれらの素材は、いま私たちが3Dプリンタで使用する素材と一致している――自然を自らの欲望のままに創り出し、自らの手中に収めようとする。「コンクリートは、まるで概念の作用のように諸現象を秩序立て、思いのままの形をとらせることを可能にする、精神的物質なのだ」(85)

私たちは既に、不器用に、あるいは高々手先の器用さによって漆喰を塗り固め、植物の模造品を作る必要はない。(86) ベンヤミンは、複製技術の「究極の効果」(87)をその縮小技術に求め、巨大化しすぎた制作物に対する大衆の支配と所有を可能にするものだと書いた。けれども私たちは、大規模化した3Dプリンタによりコンクリートを噴射し直接建造物を造り出すことさえできる。(88) その規模は今後際限なく巨大化していくだろう。同時に、縮小技術はこの世界全体にまでも及んでいる。かつて私たちはこの世界を理解しようとして世界地図を作り上げた。けれどもそこでは（地図を作製した者たちにとっての）世界の果てに描かれた怪物たちが、理解や支配が決して及ばない未知なる地が在ることを示してもいた。しかしいま、3Dプリンタによって地球儀を出力するとき、私たちはまさに縮小技術によってこの世界そのものを自らの手のなかに再創造している。衛星画像により隅々まで暴かれ未知のヴェールを剥がされた地球は、もはや決して明かされることのない他者ではなく、デジタル化されリミックス可能な資源に過ぎない。だが掌の中のそれは、私たちの現に住んでいる場としての地球でもある。だとすれば、私たちはいったいどこに生きているのだろうか？

ビットとアトムの境界が曖昧になり、モデルの差異の変調がオリジナルに取って代わり、3Dプリンタの素材にはバイオインクさえ使えるようになるとき、私たちは確かにある種の造物主となっている。しかしそれは、自らが世界を造り出すだけではなく、自らもまたシミュラークルとして造り出される空虚な造物主でもある。

複製技術は、本物であるということを無意義にした。既に、現実は「現実そのものに錯覚を起こさせるほどよく似ている」[89]ものでしかなく、人間もまたその渦に捲きこまれざるを得ない。メディア技術の進展はアトムとビットの境界を消失させ、人間さえデジタルトランスポートの、そしてリミックスの対象になる。エマニュエル・レヴィナスにおける他者の顔が私たちに無条件の責任を迫るものであるのなら、3Dプリンタによって顔をビット化し、支配し所有しようとする私たちの無意識の指向性には、おそらく本質的な問題が潜んでいる。あらゆる起源に先立つ無起源性において現れる他者からの命令の仕方、それ自体を、レヴィナスは顔であると言う[90]。それゆえ、レヴィナスにとってコミュニケーションとは「自由な主体たる〈自我〉」によっては不可能なものなのだ。それは「支配〔……〕を誘発する制限にすぎない」[91]。

確かに、複製技術はものごとの特権的な独占を終焉に導いた。しかし、たかだか数回のクリックと与信《クレジット》により、いかなる苦痛もないままにあらゆるものの所有が実現できてしまう世界が到来するとき、私たちの存在の根源にある欲望の二重らせん構造は破断する。あらゆるものを複製し、支配と所有へ引きずりこもうとするその永遠と無限への欲望は、限定的な意味ではあれ私たちを神にする。ただしそれは、シミュラークルと化した人間ですらないものによる、人間ですらないものの所有であり支配に過ぎない。

けれども、やはり、それだけではない。改めて「天使のかたち」について考えてみよう。その不気味さは、ある一線を超えて人間が人間を所有しようとすることへの冒瀆性によるだけではなく、胎児の顔の生々しい迫力をともなったこの私への貫通にも由来する。その生々しさにこそ、技術が捨象しきれない、コミュニケーションが本来的に持つ、合理性では分析しきれない他者への畏怖が示されている。あるいはまた、誕生とは逆の地点、すなわち死の場面においても3Dプリンタは利用される。「遺人形」[92]は死者の生前のポートレートから3Dデータを作成し、3Dフィギュアにするサービスである。そこには何万年にも渡って身近な誰かの死を看取ってきた人類の痛切な悲しみが現れていると同時に、死さえもデジタル化され再生可能になったことも示されている。それはデジタル化されているがゆえに、いつでも、どこでも、いくらでも再生可能であり、要するに私たちは、死者の記憶さえデジタル記録として永遠と無限への欲望のなかへ放りこむことになる。

　このとき再生とは reincarnation でも regeneration でもなく、ただの replay に過ぎない。その再生ボタンを押すのは、孤絶した宇宙に独りで蹲るこの私でしかないだろう。だが、もしそれだけであるのなら、私たちは、私たちがあるとき手にした、かつて生きていた誰かの遺人形を自らの手で一切の感情の起伏なく——それがかつて生きていた誰かの生に対する冒瀆であるから壊すのだとすれば、その怒りや嫌悪自体が、遺人形が持つ、かつて存在していた誰かを顕現させる力をまざまざと示していることになる——叩き壊すことができるだろうか。もしできるのであれば、私たちは技術に対していかなる危機感も持つ必要はない。だができないと答えるとき、それは、3Dフィギュアを貫通してかつて生きていた誰かの顔がそこに現れているからなのか、それとも、その3Dフィギュア自体がかつて生きていた誰かだからだと感じているからなのか。少なくとも私たちの多くが何らかの形で現代メディア技術に基づいた個人認証の恩恵を受けているのであれば、そしてもし私たちがケヴィン・ハガティとリチャード・エリクソンの言うデータ・ダブル[93]に対して少しでも危機感を抱いているのであれば、後者の仮定をあり得ないものとして無視するべきではない。

　だが、このことが単純な技術否定論へとつながるのであれば何の意味もないだろう。メディア技術が人間の知覚の在り方を形づくる一つの要素だとすれば、要するにその善悪の断定は、メディア技術なしには成立し得ないこの世界そのものを肯定するか否定するかということであり、そのこと自体が既に意義を持たない。かつてボードリヤールの同僚であったエドガール・モランは、ボードリヤールの思想を次のように描いた。「そこには、私たちは終末に近づいているのではなくて、終末はすでに訪れてしまったという発想があり、ボードリヤールは冷静な父親のように黙示録のときを生きている」[94]。この諦観こそが他の凡百のバーチャリティ批判からボードリヤールを傑出したものにしているのは確かだが、しかしその黙示録的世界を現実として生きている私たちには、その諦観を乗り越えることが求められている。

人新世

例えばあるときどこか高台に登り、自分の住む街を見下ろす。地平線の向こうまでコンクリート製の建造物とアスファルトで舗装された道路に覆われたその世界が、数千年、数万年後にどのようになっているのかを想像しなかったことのある者が、果たしてどれだけいるだろうか。そしてまた、世界中から流れてくるニュースに目を向ければ、気候変動の危機的状況とその対策への政治的失敗、生物多様性の留まることのない減少などに触れずにいられる日はない。それゆえ私たちは、私たち人類の活動が、何か取り返しのつかない状況を生み出し、取り消しようのない痕跡をこの地球に刻みこんでいるのではないかと直観せざるを得ない。いま、私たちはその直観に「人新世（anthropocene）」という名を与え、いったい私たちが何を引き起こし、何を残そうとし、そしてそこでどのように生きることができるのかを考え始めている。この事態は、他者のコントロール不可能性、人間の生存と技術との融合など、私たちがここまで議論してきたことが、単なる抽象的次元の問題ではなく避けようのない新たな現実として現れてきていることをまざまざと示している。

そしてより本質的な問題は、人新世について考えるとはすなわち、人類とはいったい誰なのか、そして自らが引き起こしそのただなかに生きている時代区分をそのただなかからいかに分析し得るというのか、というある種の超越的な視点を必要としているということだ。そのため私たちはここでポストヒューマンについての議論に踏みこまざるを得なくなるし、人文学（humanities）についても再考せざるを得なくなる。ここではクリストフ・ボヌイユとジャン＝バティスト・フレソズ[95]による論考を参照しつつ、その要点についてみていこう。

人新世（anthropocene）は、古代ギリシャ語における「人間存在（anthoropos）」＋「新たな（kainos）」を語源とする地質年代を示す接尾語「cène」からなる造語である。大まかに言えば、人新世とは「基本的な惑星過程への人類の影響が非常に大きくなり、農業、定住社会、そして最終的には社会および技術的複合体としての人間社会が発達した完新世からこの地球の地質年代を移行させたという観測に基づいて提案された、新しい地質学的時代を意味している」[96]。ただし「人新世」自体は既に一九八〇年代に米国の生物学者ウジェーヌ・ストウールマー（ユージーン・ストーマー）によって用いられており[97]、さらに古くは、イタリアの地質学者アントニオ・ストッパニが人類による地球環境への影響の増大を認識し、anthropozoic era と名づけている[98]。だが、この言葉が多くの人びとに認識されるようになったきっかけは、よく知られているように、二〇〇〇年にメキシコにて開催された地球圏・生物圏国際協同研究計画（International Geosphere-Biosphere Programme: IGBP）における大気化学者パウル・クルッツェンの発言によるとされる。その時点では地質学的事実に基づいた主張というよりも、むしろクルッツェンの直観に基づいた環境問題――特に気候変動――に対する危機意識が如実に投影されたものだったかもしれないが、その後クルッツェンは二〇〇二年の論文[99]において、「「人新世」という用語は〔……〕多くの点で人間が支配した地質学的な時代区分としての現在に割り当てるのが適切であるように思われる」と言明した。

二〇二〇年四月の時点で、人新世はまだ学術的には正式な地質年代として認められているわけではない。ただし国際層序委員会（IGS: International Commission on Stratigraphy）では作業部会での検討を経て人新世を国際地質科学連合（IUGS : International Union of Geological Sciences）に報告書を提出しており、近い将来、正式な地質年代として承認されることが予想される。

人新世において議論となる点は幾つかあるが、第一には人新世の開始をいつの時点にとるかということがある。地質学的な時間単位は、正式にはその地質年代の「下部境界」、すなわちその始まりによって定義される。境界は、GSSP〔国際標準模式層断面及び地点、Global Stratotype Section and Point〕によって、または良好な候補GSSPが存在しない場合にはGSSA〔国際標準層序年代、Global Standard Stratigraphic Age〕と呼ばれる合意された年代によって区分される」[100]。英国の地質学者であるサイモン・ルイスとマーク・マスリンによれば人新世の開始時期としては現状九つの案が提出されている[101]。

ルイスとマスリン自身はコロンブスによるアメリカ大陸征服時期に注目している。ヨーロッパ人によるアメリカ大陸の征服は、一四九二年から一六五〇年の間に約五〇〇〇万人が死亡するという人口激減を招いた。これにより六五〇〇万ヘクタールの耕地が放棄され、土地管理のための野焼きの減少と合せ、皮肉なことに植生の回復によって炭素吸収量が増加することとなった。大気中の二酸化炭素濃度は一五〇〇年代初頭から一六一〇年にかけ一〇ppmに近い大幅な減少を記録している。[102]したがって、温室効果ガスを減少させることは必ずしも単純に善とは言えない。

他方、クルッツェンの場合は「極氷に閉じ込められた空気の分析により、十八世紀後半には地球規模で二酸化炭素とメタンの濃度が上昇し始めたことが明らかになっているが、これを人新世の始まりとすることができるだろう。この日付はまた、ジェームズ・ワットが蒸気機関を設計した一七八四年とも重なっている」[103]として、その始まりを一七八四年に置いている。

また別の立場では、一九四五年七月十六日の米国ネヴァダ砂漠におけるトリニティ核実験を採用している。人類初のこの核実験により、大気中に放射性同位体が撒き散らされた。またこの時期には、石油製品や窒素肥料の使用も急速に増大している。この時期は「大加速時代（great acceleration）」と呼ばれており、近年ではこの大加速時代に人新世の開始を置くことがほぼ一致した見解となっている。[104]

ただ、産業革命以降の時代のみに人新世の開始、すなわち地球環境の劇的な変化点を求めるのは、それ以前の人類の営みがあたかも自然と調和したものであったかのような誤認を人びとに与える危険性がある。それゆえ、人類による地球環境への影響をより早い時期に置くことにもそれなりに意義はある。米国の古気候学者であるウィリアム・ラディマンによれば、「地球の気温に対する人間の活動に由来した正味の影響は、工業化以降よりも工業化以前の方が大きいと考えられる」ために、初期工業化時代の終わりである「一八五〇年を人新世の始まりと定義することは、その時期以降に多くの人為的影響が著しく加速されたにもかかわらず、意味をなさない」[105]と言う。

いずれの立場を取るにせよ、注意しなければならないのは、産業革命より遙か以前の時代を人新世の始まりとする立場を採用した場合、産業革命以降に生じた急激な変化の分析が困難になるだろうということだ。他方で大加速時代に人新世の起点を置く場合は「より深い要因とプロセスを覆い隠し、環境的で文明的な断絶、すなわち化石エネルギーを利用する熱工業社会への突入という主要な断絶の存在を隠蔽してしまう」ことになる。[106] クリストフ・ボヌイユとジャン＝バティスト・フレソズは一九四五年以降の大加速時代に関連し、環境意識の高まりは極近年に発生し高まってきたのだというようなしばしば見られる言説については批判的であり、「盲目的な過去を聡明な現在に対立させることは歴史的に誤りであるだけでなく、人新世の長い歴史を脱政治化してしまう。〔……〕このような考え方が頻繁に用いられるようになった二〇年前から、我々は自らを盛大に祝福してきたが、反面で地球はますます生態学的異常へと引き込まれていった」[107]と指摘している。

むろん、人新世が地球環境に不可逆的で甚大な影響を与えているのであれば、それがいつ始まったのかはそれほどご問題ではない、という考え方も可能だろう。人類は喫緊かつ眼前の事実として気候変動や大量絶滅に対応しなければならないのであり、それがいつ始まったのかという或る意味学術的な疑問に呑気に拘っている余裕などはない。それでもボヌイユとフレソズが人新世の開始時期を巡って丁寧に歴史を追った議論を積み重ねているのは、まさにこのような歴史認識に対する誤りが、後に見ていくことになる新たな権力構造を生み出す根本的要因となることを懸念しているからに他ならない。

次いで、この人新世において具体的にはどのような環境変動が起きたのかを見てみよう。

まず気候変動については、「一七五〇年頃に比べ、大気は人間が排出する物質のせいで一五〇パーセント増加したメタン（CH_4）、六三パーセント増加した亜酸化窒素（N_2O）、四三パーセント増加した二酸化炭素（CO_2）の分だけ「濃く」なった。二酸化炭素の濃度については、産業革命前には二八〇 ppm だったのが、二〇一三年には四〇〇 ppm に増加した」[108]。その結果、「十九世紀半ばに比べ平均気温〔……〕は既に〇・八度の上昇を示し、国連の気候変動に関する政府間パネル（IPCC）は二一世紀末の時点で一〜二から六度〔……〕のさらなる気温上昇があることを予測している。〔……〕何も手が打たれない場合、二三〇〇年の時点で八〜一二度の上昇が推定されている」[109]。

また、気候変動を含む生態系の人為的な破壊により生物多様性も急激に減少している。「過去数十年間に消滅した生物種の割合は、地質学的に通常な値の一〇〇〜一〇〇〇倍にも上る」[110]。これは多細胞生物発生後にこれまで五回（オルドビス紀末、デボン紀末、ペルム紀末、三畳紀末、そして白亜紀末）発生したとされる大量絶滅に続く第六の絶滅期であり、かつ人間の影響により引き起こされた初の大量絶滅でもある[111]。

人新世を特徴づけるその他の重要な要因として、クリストフ・ボヌイユとジャン＝バティスト・フレソズは、「水、窒素、リン酸塩それぞれの生物地球化学的循環における変動」[112]を挙げている。さらに、「地球の氷に覆われていない表面部分の八三パーセントは人間の直接的影響のもとにあり、地上の光合成のうち九〇パーセントは「人類由来のバイオーム」、すなわち人間により整備された生態圏のなかでおこなわれている」[113]。

これらの指摘は控えめに言っても衝撃的であり、既に私たちは地球の環境容量の限界を超えてしまったのではないかという疑念が生じる。実際、ストックホルム・レジリエンス・センター（SRC：Stockholm Resilience Centre）は、環境容量の臨界値として九個、小区分でみれば十一個のパラメータ（planetary boundaries）を設定しているが、そのうち気候変動、生物多様性の消失、窒素／リン循環、土地利用の四つで既に臨界値を超えていることを示している[114]。

この劇的な変動は、地質学的レベルでの痕跡を遺すことになる。ボヌイユとフレソズはその根拠として次の三つを挙げる。第一に大気中の二酸化炭素量が過去一五〇〇万年の間で経験したことのない水準になり、生物多様性の消失もまた六五〇〇万年前の白亜紀末にまで遡るという途轍もない時間的規模での、かつ人間によって引き起こされた現象であるという特徴を持っている。第二にその影響は南極大陸の氷床コアにまで刻まれ、動植物相の変化だけではなく都市や工業生産物、鉱山開発や農耕などは地質に特有の痕跡を遺すことになるだろう。そして第三に、有機合成化合物、プラスティックや放射性廃棄物といったあらゆる人為的生産物の痕跡もまた、地質学的な証拠として残る。「したがって、もし数百万年後にその時代の地質学者〔……〕が我々の時代が残した岩石化した堆積物を調査することがあれば、彼らはそこに顕著で急激な転換を見いだすだろう」[115]。

だが同時にそれは「証拠を今日の段階では有していない」[116]ということでもある。ここには大きな矛盾が現れている。

誰が人新世を見届けるのか

既に人新世が始まっているのだとしても、人類が引き起こした人新世をいままさに生きている私たちは、いかにして私たち自身の全体が埋めこまれたその状況を客観的に観察できるのだろうか。また、人類がこれより後たかだか数十年か数百年、いかにコンクリートを、放射性核種を、プラスティックを撒き散らしてから絶滅しようが、それが数万年、数十万年後の地球から振り返ったとき、どれだけの厚みを持った地層として残ることになるのかは分からない。人類の遺した巨大な都市群は崩れ圧縮され、幽かな痕跡しか残していないかもしれない。

これに対して、桑田学が言うように、「かりに気候変動に大きな責任を負う世界経済の中核地域がたとえ排出ゼロをただちに実現したとしても〔……〕二酸化炭素分子の多くは数百年、一〇～一五パーセントは一万年、七パーセントは一〇万年もの途方もない時間にわたって大気中に残留する」[117]のであれば、そしてより難分解性のプラスティックや放射性核種のことを考えるのであれば、大加速時代からやがて人類が滅びるまでの地質学的にはどのみちわずかな時間が問題なのではない。仮に人類なるものの種的寿命が後千年もないとしても、その直接的痕跡はいわば中生代白亜紀と新生代古第三紀を隔てるK-Pg境界（中生代白亜紀［Kreide］と新生代古第三紀［Paleogene］の境目であることからこのように呼ばれる。巨大隕石の落下が原因と推定されるこの地質学上の出来事により、第五の大量絶滅が発生した）のような徴として遺されるだけで十分なのだとも考えられる。ダナ・ハラウェイもまた、「人新世が、「～世」と称される「地質時代区分」というよりは「境界的出来事」、つまり白亜紀と新生代第三紀の境目に位置するK-Pg境界にも似た存在だと考えているのは私だけではない」[118]と言う。ハラウェイの指摘は正しいように思える。このことは人新世が地質学的時代区分か境界的出来事かということ以上の意味合いを持つ。すなわちこれは、人類がその一瞬の存在期間によって徹底的に地球環境を改変し、自らは直ちに自滅するという、人類の存在意義についての極めて恐ろしい観点を示しているのである。

だがいずれにせよ、問題の本質はそこにはない。それはより端的に、このままであればまず間違いなくさほど先のことではないであろう人類の滅亡において初めて地質区分としての完了が始まる人新世について、なぜ人類が語ることができるのか、という点にこそある。

人新世は、その始まりが示された時点で、終わりも同時に見えている、始まりと終わりがある物語のはずです。それは人間がいなくなった世界です。そのように、人間の自己消滅を常に意識しているはずなのに、我々は人間が消え去った世界を考える想像力を持ち合わせていない。それは人文学の役割でしょうが、まだその役割を果たしていないし、果たされることはないだろうというジレンマが常に存在します。(119)

飯田麻結はここで人文学の使命と限界について述べている。それゆえ、もし私たちが人新世について語ろうとするのであれば、そこではポスト人文学、あるいは人間の終わりの後に在るポストヒューマンについて――ジレンマを抱えつつ――考えなければならないのだ。

人間が始めたにもかかわらずその全体を見通すことはできない巨大な空間的－時間的事象に対して、これまでの人間観から脱することなくそのコントロール可能性にかけることも、新たな状況に適応したポストヒューマン像を安易に描き人新世における生を語り出すことも、責任の放棄でしかない。もしこのことに無感覚なまま人新世の議論をするのであれば、それは論理的に破綻したものとなるか、あるいは倫理的に破綻したものとなるだろう。ここでいう論理的な破綻とは要するに、システムの内部にあるものがそのシステム全体について語ろうとすることの原理的な不可能性に由来する。

では、倫理的な破綻とは何を指すのだろうか。

人新世においては、気候を含む環境変動が、完新世とは異なりすべてが不安定化する。それゆえ、もはや保全や保護は意味を失い、適応さえも極めて困難な課題となるだろう。SRCが示したように幾つかの環境パラメータが閾値を超えたのであれば、その先に現れるのは不可逆的であり、予測不可能なフェーズに移行した、まったく新たな環境となる。極限的な状況を想定するのであれば、その世界におけるすべての対応策はその場その場での反射的な対処でしかなくなるだろう。それは責任や規範——そもそも規範が可能となるだけの時間的なスパンを持てるのかどうかさえ不明なのだが——を根本的に問い直さなければならないということを示している。

それでも、人類は人新世という予測不可能な時代のなかでなお、さまざまな政治的／倫理的選択をしつつ生きていかなければならない。だが、ここで人類と言うとき、それは果たして一様な存在なのだろうか。人新世がもたらす破局的状況の原因とそれへの責任を人類なるものに求めるのなら、では温暖化の影響により住むところを失った人びとはどうなるのか。「人類」とでも呼ぶべき何ものかを措定したとき、人新世は経済構造の不均衡もこれまでの歴史もすべてを捨象した暴力的で粗雑な言説となるだろう[120]。「一八五〇年から今日までに排出された二酸化炭素とメタンの総量の六三パーセントは、たった九〇社の私企業により排出されたもの」[121]であり、「ひとりの標準的なアメリカ人は標準的なケニア人に比べて三二倍の資源とエネルギーを消費している」[122]。そして富裕国で生まれた人間が残す炭素の痕跡は、貧しい国の人間によるそれより一〇〇〇倍に達するという。地球環境の危機を訴えるあまりに、これまでの人文諸学が明らかにしてきたさまざまな差異――ポストコロニアルな議論、フェミニズム、あるいはマルクス主義における階級闘争等々――を忘れてはならないという指摘は正しい。人新世を単純な「人類史」として理解することは、歴史を実際に生み出してきた無数の人びとの無数の差異に対する暴力でしかない。それゆえ、「ヒト種と地球システムの相互作用の物語という人新世の語り《ナラティブ》は疑わなければならない。このような語り《ナラティブ》は貧弱で誤った歴史的説明を導きだし、地球上のマイノリティがこうむっている被害を所与のものとして強固に支えてしまう。そうではなく、人新世に必要とされている試練は、人類を差異化する視座を持つことだ」[123]。

だが他方で、人新世が生態系そのものの不可逆的な破壊と環境変動の予測不可能性を意味するなら、社会的不均衡、不正義、あるいは格差といったものを超えた次元で、まさに人類として向き合わなければならないという主張を否定できないことも確かなのだ。

ポストコロニアルに関する研究で知られているディペシュ・チャクラバルティは、「著しく物議を醸した二〇〇九年の論文のなかで、彼がそれまで歴史を理解するために用いてきた批判的範疇は人新世の時代において陳腐化したと述べている。チャクラバルティは、この理論的な大転換を「気候変動の危機は今ここにあり、それが資本主義が消滅するか多様な歴史的推移を経験した後にも存続し続けることを認めるならば、資本主義批判は人間の歴史を理解するのに十分ではない」と正当化した」[124]。

もはやグローバルな経済構造やそれによってもたらされる格差を批判したところで、人間が置かれた状況が変わるわけではない。環境変動により人間社会あるいは生態系全体が危機に直面しているとき――このような二分法自体が無意味なのだが――資本主義批判を超えた観点が必要であると言うチャクラバルティの主張を転向と断じることはできない。キャスパー・イェンセンもまた、「混乱が資本主義的ではない場所、あるいは資本主義と交わらない場所を含め、どこにでも広がっているから」だけではなく、「私たちが今や、資本主義者であってもなくても、誰も予見することも制御することもできない状況にあるため」[125]、資本主義史上誰に責任があるのかを問うよりも他にすべきことがあると考えている[126]。

つまり私たちはここで、人新世が、人類を人類なるものとして扱わざるを得ない予測不可能な環境の時代を示していることを受けいれると同時に、その人類の内部における差異に対する眼差しも失ってはならないという困難な課題を突きつけられている。このことは一見、気候変動枠組条約における「共通だが差異のある責任」を想起させるかもしれないが、ここでのそれはより根本的な次元での問いとなる。気候変動枠組条約、あるいはそれより以前のリオデジャネイロ宣言やアジェンダ21において、私たちはまだ環境危機のなかで持続可能性や保全について語ることが可能だった。だが、このような語りはもはや欺瞞だとボヌイユとフレソズは言う。人新世とは、完新世がそうであったような安定系から逸脱した引き返し不可能な地点なのであり、これが人新世を決定的に特徴づける。「人新世の中で生きるということは、非線形的であり、〔……〕ほとんど予測が不可能な世界に住むことである」[127]。それゆえ、「危機」という言葉に関して言えば、この言葉を使うことは、欺瞞に満ちた楽観主義を保持することにならないだろうか。この言葉は事実、我々が単に近代の危険な転換点、出口がすぐに見つかるような束の間の試練に直面しているだけのように思いこませてしまう」[128]。

人新世と呼ばれる時代において既に被害者が出ているという事実[129]を前に、その回復もコントロールも不可能であるなら、私たちの選択はこれまでにない政治的責任をともなったものとなるだろう。例えば大気中の亜硫酸ガスを増加させることは温暖化対策にはなるかもしれないが、それは同時に呼吸器系疾患を引き起こす原因にもなる。明らかにこれは自然科学によって、あるいは科学者によって決定されるべき問題ではなく、政治に属する問題になる。「我々は人間と自然の和解という、政治の下位にある平和主義的な問題系の中にいるのではない」[130]。そうではなく、人新世自体が政治的なのである。

人新世というもはや何かを救えないということが既定化した世界に生きているなかで、「共通だが」などといった言説を平然と掲げることは、それ自体で暴力的なものにならざるを得ないのではないのか。同時にやはりチャクラバルティの指摘も正しく、差異を云々できるような状況を既に通り越した私たちは、まさに人類として応答するより他はない事態に陥ってもいる。

そのどちらか一方が正しいということではなく、むしろこれは、人類とは何か、人間とは何か、何がそれらの境界となるのかという、人文学の根本をラディカルに問い直す契機を示しているのだと捉えなければならない。

しかし、ラディカルな問い直しとは何なのだろうか。ボヌイユとフレソズは「西洋近代において根本的だとみなされていたいくつかの区別を哲学的に問題視する」[131]ことの必要性を指摘する。そして「近代的自由の宮殿は化石燃料利用の恒常的な増加という礎の上に建造された」[132]と言うチャクラバルティの言葉を引きつつ、「自然との戦いの中で好適な段階」という、ミルによる個人の自由と自立の定義を問題視する。なぜかと言えばそのような考え方こそが「人間の解放を自然そして地球のすべてに対立させる要因」[133]となったためである。ここで彼らは自由そのものを否定しているのではない。そうではなく、人新世においては「自然決定論からの断絶とは別の形で自由について再び思考すること」、「すなわち、際限なく豊かで解放的でありうるものを、我々を有限な地球の他の存在と結びつける、そのような結合の中で探索する」[134]ための道筋を考えていかなくてはならないのだと彼らは主張している。

人新世をこのように捉えることがなぜ重要なのか。それは、「商業的で技術官僚的な新しい地－権力の正統哲学」――単純に言えば啓蒙されるべき愚かで受動的な民衆が科学者や専門家に主導され自然科学のみによる解決を盲目的に信じるという大きな物語(big narrative)――に彼らが批判的であるためである。ボヌイユとフレソズによれば、人間中心主義者たちの歴史の語りは三つの時代に区分される。第一期は産業革命から第二次世界大戦までであり、このとき大気中の二酸化炭素濃度は、完新世における変動幅を上回るほど大幅に、かつ急激に増加した。第二期が一九四五年以降の大加速時代となる。そして第三期はほぼ二〇〇〇年に始まるが、これは「「グローバルな自然環境に対する人間の衝撃についての意識の向上」、そして「人類と地球システムの関係を管理するためのグローバルな統治体系を作り上げる初の試み」[135]」によって特徴づけられる。ここではまた、二〇〇一年のＩＰＣＣの第三報告書により、気候変動の主要因として人類の活動があることが確証されたということも要因の一つとして挙げられる。

いずれにせよ、これらの時代区分においてはすべて、大気中の二酸化炭素濃度という計測可能な数値が重要な位置を占める。つまりこの歴史観は「生物地球化学的かつ生態学的な規模での量に支配された」[136]ものであり、したがってこれは科学を特権化した物語であると同時に、自然を計量可能なサービスの提供者としてしか捉えていない点において近代的イデオロギーの範疇を超えるものではない、つまり根本的解決からは程遠い「近代化の終焉を告げながら近代化を進める寓話」[137]でしかないのである。

ボヌイユとフレソズは、人新世におけるこのような物語の在り方を「「地」を冠する新たな知-権力」の原理だと言う。「生命に続き、同時に知（地-知識）と統治（地-権力）の対象になるのは、岩石圏から成層圏までを含む地球すべてである。〔……〕この新たな地-権力は、地球をすべての構成要素や機能に至る全体において知り尽くそうとし、それを統治すべき「システム」として確立しようとする」[138]。「地-権力は、「世界システム」の規模におけるフーコーのいう「計算の空間〔espace de calcul〕」なのである。〔……〕今や地球全体が実験と操縦の明白な対象と位置づけられている」[139]

実験と操縦の典型的な例として、気候工学が挙げられる。この気候工学を積極的に用いることにより環境改善、あるいは改造を目指す立場を「よい人新世」[140]と呼ぶ。だが技術によって気候をコントロールできるという考え方には、技術的な不確実性があるというだけではなく、その根本においてこのような事態を引き起こした技術至上主義から何も変化していないという問題がある。地-権力あるいは計算の空間は、本書における存在の地図化と等しい。したがってボヌイユとフレソズは地-権力の中心にあるジオクラートによる支配を批判するが、より根本的に批判するべきなのは、コントロール可能性によって地球をリソースとして見る私たちの世界観なのだ。

確かに、科学技術をよいことのために使うのだという主張は批判しにくい説得力を持つように思える。とはいえ現実には、遺伝子一つを操作するCLISPR-Cas9のような技術さえ、未だにその安全性について確実な結論を下すことはできない。CLISPER-Cas9がこれまでの技術では治療困難な先天的あるいは後天的難病に苦しむ人びとにとって福音になり得るという一面における事実は、これらの技術に対する批判を困難にする。だが、それがもたらすかもしれない危険について考えるとき、やはり単純に「よい」と呼ぶことには批判的にならざるを得ない。遺伝子改変がミクロな世界におけるまったく新たな次元のリスクを象徴しているとすれば、気候工学はマクロ側におけるその象徴となる。

気候工学を単なる技術的次元の問題ではなく政治的次元における問題であると指摘する桑田学は正しいが、他方で、気候改変技術が「時間稼ぎ」にさえなるのかどうかは、彼自身が指摘しているように不明である。だとすれば、そのようなSF的技術に頼らなければならないほど追い詰められているのは気候工学者だけではない。そのようなSF的幻想の政治性を真剣に考えなければならない人文学者もまたそうなのだ。

したがって、ボヌイユとフレソズがここで主張していることは、単に自然科学による解決の否定などではない。より根本的な問題として、「たったひとつの科学を通じて人類と贖罪を一緒くたにする」大きな物語を警戒することであり、そしてまた、予測不可能性という決定的な徴を持つ人新世において「「環境危機」からの脱出というつかの間の希望を捨て去ること」[141]の必要性なのだ。

しかし、それは決して、絶望のなかでもろともを巻き添えにした滅亡を待つしかない、などということを意味しているのではない。そうではなく、それは私たちがコントロール可能性というこれまでの世界観の前提を捨て、新たな人文学を構想しなければならない地質学的時代を生きているということを示している。私たちはまず、「地球システム科学のデータやモデルが、地質学的な時間スケールで異常を示していることを受け止め、それが人間実存の条件を根本的に覆すものであることを深く認識し検討」[142]しなければならない。

気候工学の政治的／倫理的コントロールに何らかの形で影響力を行使することに人文学の可能性を見てとろうとする立場に未来はない。それは現実の世界と向き合いプラグマティックな立場から倫理の更新を目指しているように見えつつ、環境それ自体の根本的な変容と予測不可能な時代への突入という新たな現実に対応する必要のない、既存の枠組みの多少の修正による応答でしかない。

そうではなく、人新世が「我々の新たな条件」[143]なのだというその理由、そしてその新たな「我々」とは誰かを問うことが新たな人文学の出発点であり、目的となるのだ。

それゆえ、私たちはポストヒューマンについて考察しなければならない。ただしここで言うポストヒューマンとは、テクノロジーと融合することにより現在の人類の在り方から根本的に変容し超越したものとして語られるそれのことではない。サイボーグ化技術によって機械と物理的に融合した人間、あるいは遺伝子改変によって強化《エンハンス》された新たな人類は既に絵空事ではないし、そこまでいかなくとも、現実的なレベルでの新たな技術環境に過剰適応した人間など、もはやありふれた存在でしかない[144]。だが、もしそれが現生人類の延長線上にあるものではなく、つまりたかだか強化されたものではなく、まさに超越したものであるのなら、レイ・カーツワイルによる「シンギュラリティ」という妄言と同様、私たちにはそのポストヒューマンについて語るいかなる手段もない。にもかかわらず私たちが超越的な意味でのポストヒューマンについて語るのであれば、その語り手は、自らをその超越的視点を持つ特権的な立場にあることを意識的にせよ無意識的にせよ前提していることになる。落合に見られる生命や環境全体に対する無責任さ、高慢さは間違いなくこれを原因としている。したがってこれはジオクラートと同様、既存の権力構造の枠組について語っているに過ぎない。飯田麻結が指摘しているように、要するにそれは「ハイパー・ヒューマニズム」[145]でしかないのだ。

私たちは、私たちに退路はないということを理解しなければならない。そうでなければば、そこで語られる人文学は、古き良き人文学への郷愁を語るものになるか、あるいはジオクラート的なテクノロジーへの限りない逃避にしかならないだろう。つまり私たちは、完全に変化し予測不可能な、そして技術と自然が融合した新たな環境下において生きることになるポストヒューマンによるポストヒューマニズム――posthuman-ism ではなくpost-humanism として――について考えなければならないのである。

では、テクノロジー礼讃とは異なるかたちで語られるポストヒューマンとは、いったいどのような存在なのだろうか。ここで、ロージ・ブライドッティのポストヒューマンについての議論が参考になる。

ブライドッティにとって、ポストヒューマン論は「「人新世《アントロポセン》」として知られる生物発生学上の時代における人間にとっての基本的な参照単位について再考するにあたって助けとなる生産性に富んだ道具」[146]なのだと言う。彼女によればポストヒューマンに関する議論には大きく分けて三つの立場がある。第一に遺伝子改変に対してそれが人間の根本的な次元における平等性を破壊するものであるとして批判的なユルゲン・ハーバーマスのように、主に道徳哲学に由来する立場。第二にピーター゠ポール・フェルベークに代表される、基本的にはテクノロジーと人間の融合に対して批判的ではない科学技術論に基づく分析的な立場。そして第三がブライドッティ自身の取る「主体性についての反ヒューマニズム哲学というわたし自身の来歴に由来する〔……〕批判的ポスト‐ヒューマニズム」[147]である。

反ヒューマニズムと聞くと極めて不穏な印象を受けるが、実際にはブライドッティの主張は十分に妥当なものである。「古典的な〈人間性《ヒューマニティ》〉の象徴としての〈人間〔Man〕〉という、抽象的と思われている理想は、実は人間という種のうちの男性、つまり、彼である。さらにいえば、その彼とは白人のヨーロッパ人であり、容姿端麗で五体満足な人物である。彼のセクシャリティに関してはほとんど疑いようがない」[148]。つまり、ここで彼女が主張しているのはヒューマニズムの全面的否定ではなく、あくまでそこで主体とされてきたものを批判的に再検討し、人文学の再生を試みなければならないということなのだ。

この観点からすると、第一の立場と第二の立場は、「ノスタルジーの致命的な魅力と、トランスヒューマニズム的幻想などのテクノユートピア」[149]という意味では双極にありつつ、本質的には変わらない。なぜなら第一に、そこでは従来のヒューマニズム的諸価値が残存している[150]。それが問題なのは、その人文学が上述のように特定の〈人間〔Man〕〉を想定しているからであり、また従来の人文学が可能であった完新世的環境がもはや崩壊していることこそが人新世の定義だからである。第二に、ハーバーマスの場合には「社会民主主義的な熱望」により西洋的価値観の普遍化を強制してしまうことにより、そして分析的な科学技術論の場合は科学的中立性の名の下に、人間のなかの無限の差異を塗りつぶしてしまう。

他方で、先に見てきたように、人新世はあらゆる主義主張や固有の歴史的過程の差異を超え、存在することに対する直接的脅威として現れてくる。それに応答するためには、単なる差異の主張だけではなく何らかの普遍性も必要になる。このことに対してブライドッティはどのように答えるのだろうか。

ここで彼女が依拠するのが、「生ける物質の自己組織化する――「スマート」な――構造についての最新の科学的な理解によって補強[151]されたスピノザ主義的な一元論の現代的解釈なのだと言う。そこでは、「人間」だけではなくすべての生ける――自己組織化する――物質が、その他の生命との連続の中で存在する。「これこそわたしがゾーエーという言葉でコード化したものなのである」[152]とブライドッティは言い、自らの立場を「ゾーエー中心主義」と呼ぶ。ポストヒューマンの主体は、その無数の生ける物質間の連続性のなかで生起するパフォーマティブな関係的主体として定義され、それゆえ、それは〈人間〔Man〕〉的な意味での普遍的主体を想定したものではない。〈人間〔Man〕〉というマジョリティの危機は同時に、マイノリティの生成変化への可能性を示してもいる。

> 非単一的な主体を構成する非〈一〉性という、ひとを謙虚にするこの経験は、主体を他性への倫理的紐帯のなかにつなぎとめる。ここでいう他性とは、私たちが惰性や習慣から「自己」と呼んでいる存在物を構成する、多数的で外在的な他者たちのことである。〔……〕はじめに、つねにすでに関係がある。[153]

この点においてブライドッティの立場は一元論と言いつつ、そこに無限の他者との動的な交差による無限の差異の生成を内包したものであり、すべてを情報エンティティとして捉え、つまるところエントロピーの計算を普遍的倫理と等置するルチアーノ・フロリディのIEとは、同じ一元論とは言えまったく異なる。(154)

そしてまた、この一元論は、これまでのヒューマニズムが持っていた諸価値や特権性を他の生命にまで拡張することによって達成されるものでもない。「人間社会の諸価値がこれほど深刻な認識論的・倫理的・政治的危機に瀕している時代に、ヒューマニズム的諸価値がもつ特権を他のカテゴリーへと拡張することが、無欲で肝要であるとか、もしくはとりたてて生産的な動きだとは考えがたい」く、それは「出遅れたたぐいの連帯」(155)に過ぎないのだと、ブライドッティは厳しく批判している。この類の擬人化は擬人化された人的な存在とそれ以外の存在との二元論的分割を強化することにしかならないし、その擬人化の内部でのあらゆる差異も不可視化してしまう。

ブライドッティの議論は、ポストヒューマンという〈人間〔Man〕〉とは異なる存在を、必然性をもって導入することにより、〈人間〔Man〕〉により始められた人新世をいかに観察するかという問題に矛盾なく対応できている。そして人新世における主体には差異と普遍の対極的な次元があるという問題に対しても、ゾーエー中心主義を基盤にした関係性の原理として主体を定義することにより説得的に応答している。さらに、既存の〈人間〔Man〕〉の普遍化に潜む欺瞞を鋭く指摘し新たな人間像《ポストヒューマン》の構想を試みている点において、人文学の再生という課題にも果敢に挑んでいると言えよう。

このように、新たな人文学を考える上で、ロージ・ブライドッティの方法論は重要な参照点となる。だが、やはりそこには幾つかの問題が残る。

第一に、「ゾーエー中心的なしかたでより平等主義的な道筋をとるには、支配的な集団の側、この場合はアントロポス彼《〔ママ〕》自身の側から、非－人間的な他者にむけられるわずかばかりの善意が必要である」[156]とブライドッティは言う。だがそれは本当に「わずかばかり」なのだろうか。もしそうなら、そもそも私たちは、予測不可能なレベルでの気候変動を引き起こす人新世などを招くことはなかったのではないのか。だとすればブライドッティのゾーエー中心主義は、理念としては美しくとも、リアリティがあるとは思えない。ブライドッティの限界は、人新世における「その共同体は、多数的な他者たち〔……〕との相互依存を、共感をもって承認することにより結びつけられている」[157]と考えている点に如実に表れている。結局のところこれは既存のヒューマニズムを生きる私たちにとっても十分理解可能で共感可能なものでしかなく、反ヒューマニズムを徹底しているようには思えない。コントロールも予測も不可能な環境下でこれまでの人文学が根底から揺らぐのだとすれば、むしろ私たちは、「アントロポスの危機が解き放つのは自然化された他者たちの悪魔的な力」[158]であることを受け入れ、共感も理解も不可能なその力をこそ、新たな人文学の根底に据えなければならない[159]。

第二に、ブライドッティの議論は、ゾーエー中心主義であるために技術をその人間論の内在的原理として位置づけることが難しく、そのため技術についての認識があまりに単純すぎるものになっている。「わたし自身はごちらかといえば技術愛好者なので、かなり楽観している。わたしはつねに、解放的で越境的ですらある技術のポテンシャルの側に断固として立つつもりでいる」[160]。そうであるのなら、彼女のポストヒューマンは気候工学に代表されるジオテクノロジーに対して親和的か、少なくとも批判的にはならないだろう。だが、人新世《ポストヒューマン》を生み出した直接的な要因に技術があるのなら、私たちが人文学を再構成し新たな人間像を描くとき、いかに技術をその存在の原理として位置づけるのかについて、より踏みこんで思考する必要がある。

ここまでの議論をまとめよう。人類の営為が地質学的次元で深刻なインパクトを持つことにより、私たちはもはや予測も管理も不可能な環境を生きている。そしてその環境は、完新世的に安定した自然環境ではなく、自然と社会、人間、あるいは技術が不可分となった、まったく未知のものである。人新世と呼ばれるこの時代がいつ始まったのかについてはさまざまな議論があり、一九四五年のトリニティの核実験を起点とした大加速時代は一つの分岐点となるだろうが、人類がその遙か以前から地球環境に大きな影響を与えてきたことも忘れてはならない。いずれにせよ、人新世がその名に人を含んだものである以上、人類がいなくなったとき、はじめてこの時代区分は完了する。だとすれば人新世についての人文学的分析は、その時代区分を生み出しその中で生み出された人文学にとって、論理的困難をともなう営為となるだろう。そしてそれはおそらく、ポストヒューマンという視点からのみ解決され得る。

言うまでもなく、私たち人類がポストヒューマンについて考えること自体、極めて大きな挑戦となる。さらにそこで描かれる人間像は、人新世の及ぼす巨大な影響力ゆえに、人類の行く末といった普遍的記述を可能にするものであると同時に、そこで犠牲になる固有の人びとの無限の差異にも目配りのあるものでなければならない。だが少なくとも、この課題に挑むことは、ジオテクノロジーに対するプラグマティックな批判を人文学の新たな使命とする立場より本質的な意義を持つだろう。要するにそれは、人間の在り方を問い直すということだ。大加速時代がデジタル化（ENIACの運用開始年）とほぼ同時期であることは偶然ではない。私たちはいったいどこへ歩み出してしまったのか。それを知るためには、サイボーグや遺伝子改変とは異なる次元でポストヒューマンを構想し得るような人文学を、この予測もコントロールも不可能な世界において、いま改めて構築する必要がある。

第三章 MEDIOME: MEDIA+OME

別様の未来

除去可能性ノイズ

デジタル化が人間にもたらす問題は、思考をデータと同一の次元に再配置する構造にあった。私たちは未だに知能とは何か、生命とは何かについて誰もが同意できる普遍的定義を持ってはいない。にもかかわらず人工知能があたかも人間を超越するかのような言説がこれだけ関心を呼ぶのは、人間存在への理解そのものがデジタル化へ偏重し始めているからに他ならない。人間存在への理解の偏重は、それを理解する人間存在そのものの偏重であるがゆえに、私たちに単なる解釈を超えた根本的変容をもたらす。

他方で、デジタル化の最大の利点はノイズ除去の容易さにある。ノイズ除去はデジタル化におけるドグマである。そしてこのことが人間存在の理解に結びつくとき、私たちは私たち自身からもノイズ除去を指向するようになる。

ここで働いている思想は、どこかに理想的な本質が想定され、それを取りまく夾雑物

（それは社会制度や個々人の特性や属性などさまざまな形を取る）を除去することによりその本質に近づくことができるというものであり、その構造は近代化における理念と基本的に変わるところはない。人間存在がプログラム的なものであり、そこに生ずる病理や不幸がバグ的なものであるという表現はあまりに極論に過ぎ、多くの真摯で良心的な人びとには同意しにくいだろう。しかし同時に、理想的な人間モデルがあり、もし現時点で私たちがそこへ辿り着けていないのであればその到達を妨げる障壁を取り除かなければならないのだという理解は、人間存在を、そしてその環境をプログラム的なものと捉える立場とどれだけの差異があるのだろうか。

むろん、差異はある。だが、第一に、人間の本質をその理想的なモデルに置くことと、そのようなものを志向し続ける動態にこそ人間の本質を見出すこととはまったく異なる。そして第二に、そもそも私たちはノイズのなかで生まれ、ノイズの中で生き、ノイズの中で死ぬより他はない。だとすれば私たちは何よりも、そのノイズを除去した向こうに見えるであろうものを妄想する前に、そのノイズとは何かについて考察する必要がある。

ノイズに満ちたコミュニケーションについてのアルフォンソ・リンギスの論考を振り返ってみよう。この私が死にゆくきみを看取るとき、そこで本当に求められているのは、論理的な、合理的な、あるいは解決を志向したコミュニケーションではない。また、必要ではあれ、社会的不平等や貧困、病への、正義に基づいた善なる闘争でもない。死にゆくきみの目に浮かぶ透徹した苦しみと恐怖、悲しみの前に、それらのものは完全に無意味でしかない。そうではなく、その無意味さそのもののただなかに踏みこむこと、踏みこまざるを得ないこと、何もできず、ただ呻き、何の効力もないままに手を差し伸べようとして躊躇い、それでもなお触れること、そのことが求められている。それはその場で看取るこの私にしかできない、徹底して取り返しのつかない一瞬に絶対的固有性をもってきみと私の間に現れる、ノイズのコミュニケーションである。(1)

クロード・シャノンにおけるノイズとアルフォンソ・リンギスにおけるノイズとの間には、いかなる相違があるのだろうか。この、ノイズに対する考察を通して、私たちはデジタル化が人間存在に及ぼす影響についてより深く理解できるだろう。

私たちが通常ノイズとして思い浮かべるのは、典型的には通信の数学的理論において通信路容量を低下させる要因となるものである。本書はこれを拡大し、除去可能性ノイズと呼ぶ。除去可能性ノイズは多くの場合多少なりともコントロール可能であるとされる。そして意図的に導入されたのではない限りノイズは望ましくないため、除去が目指される。しかしあらゆるノイズが完全に除去できるわけではない。例えばトランジスタの小型化についてみれば、その最大の障壁となる量子力学的問題としてのリーク電流は正しい信号伝達という目的に対するノイズだが、その除去は極めて難しい。要するにこの可能性が意味しているのは、私たちはノイズを完全に除去することはできないという端的な事実だ。通信の数学的理論の直系の子孫でもあるインターネットにおいてさえ、

IBN（Internet Background Noise）が増大し、スパムメールによって帯域が圧迫される。むろん、技術はそれに対抗し新たな技術を生み出すだろう。問題はその無限の連鎖そのものにあるのではなく、除去可能性ノイズという世界観が人間存在への理解にまで浸食してくること、いやむしろ、私たちが望んで除去可能性ノイズにより規定される存在へと近づいていくことにある。

除去可能性ノイズにおいては、（1）少なくとも除去の可能性が与えられており、（2）同時にその向こうに何か本質的なものが仮定され、（3）そしてその本質をクリアに現わすために除去が指向されること、の三つが重要となる。この三つの特性から改めて除去可能性ノイズを見てみると、これは工学的次元に留まるものではなく、現代社会を生きる私たち人間存在そのものへの理解の隅々まで支配している、ある思想に行きつくことが分かる。そこでは究極的に、私たちの身体までもが論理性や工学的機能性に基づき再設計される。化学的に高純度に生成された薬やサプリメントによって必要物質が効率よく供給され、猥雑で多様で制御不可能な腸内細菌は排除される。このようなポストヒューマン的な思想が可能になるのは、純化された真の人間存在なるものが無条件に想定され、それ以外のものは除去されるべきノイズだという人間観が共有されているからである。そのノイズを除去してこそ初めて私たちは、一切のわずらわしい生物学的な軛から解放された真の人間に、永遠で無限の存在になることができるだろう。ここでは特にこのような人間理解が如実に現れている例として、人間の老いや病いとの関連について検討しよう。

第一に除去可能性ノイズは自然な老化の否定として現れる。ある人がそれまで生きてきた歴史が刻まれたものとしての皺は、単に醜いもの、その本質ではない表層的な夾雑物として取り除かれることを望まれる。その向こうに現れるものは、その人が本来そうであったところの顔であるとされるが、その実、それは単に若かりし頃のその人のイミテーションに過ぎないだろうし、そのときの顔がその人の本質であったという根拠もない。アンドロイド研究者の石黒浩が自らを模したアンドロイドに自らを模し、美容整形さえしている事例(2)は象徴的である。むろん、歴史的な文学作品に見られるように、不老や若返りへの願望は人類が古来より抱いてきた普遍的なものでもある。だがそこで語られているのは、老いないことそのものではなく、老いないことにより起きる、あるいは老いないことへの執着により起きるさまざまな悲喜劇である。そして現代の諸技術は、表層的にかもしれないが老いないことを提供し得るところに来ている。

第二にそれは遺伝子改変技術において現れる。私たちは通常、病気でない状態を自分本来の姿であると思っている。風邪を引けば安静にしてそれを治し、治れば元に戻ったと感じる。このこと自体は極めて自然だが、しかしこれが遺伝子操作にまで及ぶとしたらどうだろう。CRISPR-Cas9に見られるような遺伝子編集技術は、ある特定の遺伝子により発症する病気について革新的な治療方法を提供する可能性を持つ(3)。確かにある遺伝病の要因が明確であるとき、その編集によってその病が引き起こすであろうさまざまな病苦から解放される（あるいはそもそもそれが起きない）のであれば、それを避ける理由はないかもしれない。しかしCRISPR-Cas9の開発者であるジェニファー・ダウドナ自身が述べているように、[4]これは複数の遺伝的要因および環境因子からなる病気まで治療し得る万能の技術ではないし、まして生殖細胞に対する遺伝子改変が数世紀後、数十世紀後にどのような影響を及ぼすのかはまったく定かでない。

ここで問題となるのは世代間倫理ではなく（それも重要な論点ではあるが）、私たちの在り方が遺伝情報というデジタル表現可能なものによって規定されているという思想であり、それを人間は技術的に改善できるという理解であり、そしてその向こうに完全な人間なるものが在るはずだという幻想なのだ。しかし彼女が否定しているリベラル優生学に対して、治療に限りこれらの技術を認めるという立場にはそれほど確固たる根拠はない。ダウドナの議論において治療は大義名分として掲げられ、そこではある固有の人間の苦しみがその根拠として描かれる。

だが一方、遺伝子治療がもたらす多少のリスクは許容されるべきだと彼女が主張するとき、そのリスクに含まれる徹底して固有の誰かの苦しみについての視点はまったく欠如している。むろん、治療を目指すのが悪である、避けるべきである、などという暴論を主張したいのではない。そうではなく、そこにある論理的な不整合、人間存在に対する曖昧な理解がもたらす危険性に対して、私たちは慎重にならなければならない。そしてだからこそ、私たちは、ではどのような人間モデルがそこに据えられるべきなのかを探究しなければならない。

ユルゲン・ハーバーマスによるリベラル優生学への批判は正当である。またダウドナが遺伝子改変について基本的には肯定的であることも現実的である。だがそのどちらも、人間は技術をある任意の水準に押しとどめることができる、あるいはその技術により望ましい結果を得ることができるという考えを導くのであれば、それはまったくのナンセンスでしかない。技術は止めようがないし、それが生み出すものを完全にコントロールすることもできない。遺伝子改変技術は一部の成果を除き新たな混乱を生み出すだろうし、その一部の成果もまた、新たな倫理的選択と困惑を私たちに突きつけることになる。[5]そして私たちはそれに対抗するために、次なる技術を生み出していく。ノイズを取り除いた向こうに見える世界は、これまで隠されていた純粋で本質的な人間存在の在り方などではなく、さらなるノイズが無限に湧き出してくる世界である。本来あるべき人間の姿という虚構を目指す限りにおいて、遺伝子治療は厳密にはリベラル優生学と変わるところはないし、その技術に歯止めをかけようとする倫理的立場も真の意味で有効性を持つことはない。それは本当に除去可能性ノイズなのか。私たちはノイズの霧が晴れた向こうに何を見出せると思っているのか。もしかすると、除去できないノイズとともに在るということにこそ、人間存在の基盤があるのではないか。おそらく私たちはそこから問い直すべきなのだ。

この、人間存在の基盤にあるノイズが、存在論的ノイズである。本書ではこれを、リンギスの議論を参照しつつ、「合理的機能的有効性とは異なる次元において、それが在るところのものとして在るために不可欠なもの」と定義しよう。したがってこれは、単純にアナログ／デジタルという二元論として理解するべきものではない。アナログ／デジタルの境界は、人間の生物学上の識別能力によって実際には曖昧なものとなる。例えばApple社が二〇一〇年にiPhoneに搭載したRetina Displayは、もはや画素を人間の網膜（retina）では識別できないことを謳っていたが、これはその典型的な例となる。ノイマン型コンピュータの実現によって物理的にこの世界にもたらされたデジタル化の本質は、思考はデータと等価のものであり、人間存在はデータという一元的地平で理解し得るという認識にこそあり、アナログ／デジタルの二元論的世界観にはない。

存在論的ノイズ

存在論的ノイズについてもう少し具体的に考えてみよう。例えば、風が吹き木の葉が互いに擦れ立てる音は、それ自体としては木の機能として何か役に立つわけではない。しかしそれは木が木として在るためには不可欠なものである。ただしそれはそれを観察しているこの私の主観に拠るものではなく、ましてや感傷的な擬人化などに帰することのできる問題でもない。それはその木が属する種が歴史のなかで生物学的進化を重ね、その祖先のすべてが各々存在した周辺環境も含めた全体の、現在という先端において現出する客観的事実としてその木がその木として在る、ということを支えている。木そのものを無風な環境下に置くこと、あるいは木の葉が風で揺らがないように針金などで固定すること。いずれにしてもそれは、その木が本来そうであるところのものから木を引き剥がす[6]。

かつてきみがある森のなかに居たときのことを想像してみよう。その場において、きみは聴こえない音にさえ耳を澄ませていただろう。そうでなければきみは（しばしば外れるにせよ）天候変化を予測することもできないし、獲物を追うこともできない。あるいは自らが獲物として突然襲われるのを防ぐことも難しい。そのとき、きみはその場のあらゆる存在が放射するノイズに耳を澄ませるだけではなく、祖先の、語ることのない死者たちの語る声にさえ耳を傾けている。それは幻聴などではなく、歴史の総体という確固とした重みを持ってきみに到来する呼びかけなのだ。ノイズは、すなわちこれが存在論的ノイズだが、静寂や沈黙さえも含みつつ、その向こうに在るさまざまな存在のリアリティを保証するものだった。

だが、技術が進展し人間がシステムによって守られるようになったとき、もはやそのようなノイズに耳を澄ませる必要はない。避けるべき天候変化も恐るべき捕食者も予期しなくてよいのなら、それらのノイズは単に煩わしいものでしかなく、除去可能性ノイズとして排除の対象となる。かつて密やかなざわめきに満ちていた静寂は完全に転倒し、私たちはそこから何も読み取ることはなくなる。退屈した私たちは、だから、ひたすらその無音を埋めるべく、マックス・ピカートの言う雑音語で身の回りを埋めていく。私たちはヘッドフォンで当世風の音楽でも聴きながら舗装された道路を歩く。そのとき外界に満ちたさまざまな音は、ノイズキャンセラーによって無音へとキャンセルされる。

現代文明とは、ある面において、「ノイズを追い払うことにより安全で無前提となった生において生じた空白をいかに埋めるか」という観点によって推し進められていく代替品の総体でしかないのかもしれない。私たちはその代替品を、あたかも生であるかのように思わされていく。

だがそれは幻想に過ぎない。現実として他者が在る以上、存在論的ノイズは消しようがない。聴きたくなくとも、聴く能力がなくとも、祖先は語り続け、獣は闇に潜み続け、嵐は木々の向こうから唸り声を響かせている。だから私たちは、その魔としてのノイズを憎み怖れ、自由に管理できる除去可能性ノイズとしてさらに排除しようとする。ここには現代文明が本質的に内包している矛盾が現れている。けれども、私たちが認識できるのは、せいぜいヘッドフォンをしていると周囲の音が聴こえないために交通事故に遭うリスクが増大するなどといった表層的な問題だけで、だから、それは技術を用いて解決しようという応答しか産み出すことはない。

クロード・シャノンの情報理論においてノイズが音に限定されてはいないように、存在論的ノイズもまた音には限られない。そこにはさまざまな形態があり、また除去可能性ノイズと重なり合う部分もある。例えば老人の皺は、老化が悪となる世界観においては何ら正の価値を持たないものとして、除去可能性ノイズの対象となる。だが他方で、私たちが老人の顔に刻まれた皺から彼／彼女の送ってきた人生を読み取ることができるなら、そこには確かに文化的、社会的機能がある。また、その皺の絶対的固有性とともに浮かぶ表情を通して彼／彼女の孫たちと交流するとき、その皺が文化的シグナルや工学的機能性を超えた次元において彼／彼女の存在にリアリティを与えるのであれば、それは存在論的ノイズである。

また別の例として、超個体であるヒトにおけるヘリコバクター・ピロリについて考えてみよう。かつてそれは胃癌や潰瘍の原因だと考えられてきたが、しかし近年では、むしろその存在によってヒトがその他のさまざまな疾患から守られている可能性が指摘されるようになってきている(7)。このことは、科学技術の進歩により、ある時代においては除去可能性ノイズだと考えられていたものが、実はそのシステムにおいて必須の機能的役割を担っていたことが判明するという例になる。その逆の例もあるだろうし、あるいは最終的には、ある一定程度は必要な機能を持ちつつ、ある一定程度は人体に害悪をもたらす、ということに落ち着くかもしれない。

いずれにせよ、ここには機能的に不要なものであればそれを除去し、それによってより完全なヒトへと近づいていこうという指向性がある。超個体をある種の論理性、工学的機能性から説明可能な生態系として理解する限り、この指向性は変わらない。腸内細菌叢（micorbiota）もまた、その複雑な生化学的反応はヒトという生命体の生存に欠かせない。しかし抗生物質などの投与によりこれらの生態系は破壊され、それはMRSAやXDR-TBなどの多剤耐性菌を生み出すなど、予想困難な形で人間に危機をもたらす。だが、腸内細菌叢の必要性が語られるとき、それは単なる生物学的共生の議論だけで終わるものではない。

完全に除菌されたヒトは、完全に無菌化された環境下でなら生きていけるかもしれない。このことは、彼／彼女が人間であることをいかなる意味においても否定しない。にもかかわらず同時に、ヒトが細菌叢なしでは外環境で生きることはできず、それを可能にするためには世界そのものを無菌化しなければならないのだとすれば、それは機能的次元を超えた存在それ自体の問題となる。コントロールされ人工化された環境下で生きる無菌のヒトは、確かに疑いもなく人間だが、それは既に存在論的な変容を蒙った人間でもある。これは単なる思考実験ではなく、帝王切開において母親から細菌群を受け継がないままに生まれる子どもたちのことを考えれば、現実の問題であることが分かる。ガーゼで母体を拭い、そのガーゼで生まれた子どもを再び拭うことにより細菌群を移植する[8]ということは、機能的観点からすればある程度の代替案になるかもしれない。出産が高いリスクをともなう地域において帝王切開が倫理的な意義を持つ場合もあるし、逆にそれによってアレルギー発症リスクの増加などの想定不可能な事態が生じることもあるだろう。そのような技術的無限ループの善悪とは別に、ここでは、生々しく危険な出産というノイズが排除されたことによる根本的な変化が起きている。帝王切開により得られる出産リスクの低減というメリットを否定してはならないが、それによる人間存在の変容も無視するべきではない。

人間の誕生については、既に私たちは出生前診断を行なっているし、ごく近い将来には遺伝子改変技術による選択さえありきたりのことになるかもしれない。ジェニファー・ダウドナは遺伝子改変技術を擁護するなかで、それらは自然のなかでも行なわれてきたものであり、そもそも自然そのものからして粗雑な改変者なのではないか、と言う。だが、その論理を用いるのであれば、自然はこれまで幾度も大規模噴火や気候変動を通して絶滅期を引き起こしてきたのだから、第六の絶滅期である現代もそれと何ら変わらない、という主張も正当化されてしまう。そしてここでは、子供の障害を無くすという考え方自体に、人間の在り方を除去可能性ノイズにより理解していることが示されている。

だがそれは事実に基づいているのだろうか。ダウドナの議論において、セックスはもはや遺伝子の単なる交配作業でしかないが、本来セックスは全体においてしか考えることはできない。どのように育った二人がどのように出会い、どのような機会と場所で、どれだけの時間を経た後にそうなるのか、それに関わってきた歴史的総体の頂点同士の交わりとしてそれはそこに生じる。だが遺伝的に望ましい、優れた属性を持った、あるいは少なくとも可能な限り病因を持たない子供を作るという文脈において、これらのすべては何ら機能的意味を持たないか、あるいは機能的意味からしか価値判断されない除去可能性ノイズに過ぎない。ソフトウェア上で自分の欲しい遺伝子の組み合わせを選択するためにクリックを繰り返しているとき、[9]いったい誰が愛の言葉などを気にするだろうか。

あるものごとが在るとき、それは除去可能性ノイズとして理解することもできるし、同時に存在論的ノイズとして捉えることもできる。しかし自らの選好にしたがった設計により子どもをデザインするという選択肢が私たちに与えられたとき、存在論的ノイズは等閑視され、あらゆるものが除去可能性ノイズとされる人間観が拡大していく。だが、鎌状赤血球貧血症がマラリア耐性を持つように、ある遺伝子改変が別の問題を引き起こし、その対策のためにさらなる技術が投入され……、という無限連鎖は避けがたい。

存在論的ノイズの（見かけ上の）衰頽は、除去可能性ノイズの向こうにある本来的人間という虚像を到達点とした、論理性や工学的機能性の観点に偏重した人間存在の再構築という事態に至る。論理性や工学的機能性は、例えば数学の定理がそうであるように、超歴史的存在であるという、つまりいかなる時代、いかなる文化においても普遍的に成立する真理であるという幻想を強力に持つがゆえに、そこでは全体性も貫通も一切失われることになる。

存在論的ノイズは存在に解析不可能な固有の凹凸を与え、その微細な凹凸が他者の貫通に抜きがたさを与える。が、そもそも私たちは、もはや他者など無用なものとなった時代を生きているのではなかったのか。だとすれば私たちは、ただこの私に留まっていればよい。分析不可能で不透明な存在論的ノイズは単に不気味で不快なものでしかない。それゆえ、私たちはそのノイズを除去可能性ノイズとして除去することに対して躊躇ういかなる理由も持たないだろう。ノイズ除去され分析可能な他者は、この私によって安全に利用可能なリソースでしかない。

除去可能性ノイズによりノイズ除去された（あるいはされ得ると思われている）データとしてのこの私は、デジタル化が与える幻想としての永遠と無限に対して強い親和性を持つ。そのため、私たち自身の欲望を原動力に、存在論的ノイズから除去可能性ノイズへの転倒はあらゆる場面において強力かつ全面的に推し進められていくことになる。この私は完全にコントロール可能となり、透明なまま永遠に生きることができるようになるだろう。けれども要するにそれは、1という情報を残すことがもっとも効率的で容易であるのなら、この私を1にすればよいということでしかない。

ノイズの一元化により、存在にとって本来欠くことのできない存在論的ノイズは絶えざる除去の圧力にさらされ衰退していくことになる。そして同時に、存在論的ノイズを完全に除去することなど――少なくともいまの人類には――できないということが、ノイズ除去に対するいっそうの妄執と執着、そして終わりのないテクノロジー幻想を生み出す。

だからこそ、ポストヒューマン思想は力を持つ。遺伝子改変や薬物利用、あるいはサイボーグ化技術やＡＩなど、その多くが少なくとも現時点においては妄想に過ぎないとしても、人間存在をポストヒューマンへ近づけようとする欲望は現実のものである。だから一部の優れたＳＦ作品を除き、ポストヒューマン思想を掲げる技術主義者たちの抱く人間像は、存在することの重荷から逃避するための、除去可能性ノイズへの妄信を具現化したものにしかならない。

日本を代表するメディアアーティストの一人である久保田晃弘の主張には、このような思想的背景が露骨に現れている。彼の議論においては技術の在り方に対して人間が適合していくことこそが自由であるとされる。これは制約のなかで生まれる自在さや、意のままにならない他者に対峙するがゆえにこの私が負うことになる責任といったものとは対極にある。技術に対して自らを適合させることができるという言説は、つまるところこの私が安全な位置にいるという幻想を持つ者の放言に過ぎない。「携帯電話の文字入力に関するスキルの獲得は、人間が持っている驚くほどの柔軟性と、想像を超えた可能性を、図らずも私たちに再確認させてくれた」(10)。久保田はこのことを、一見では扱えない楽器を奏でられるようになるための日々の練習、と同時にそれを扱えるようになりたいという欲望の二つと同等のものとして提示する。だがこれはまったくのナンセンスだ。彼の主張にしたがうのであれば、そこではベルトコンベアによる流れ作業で延々不良品チェックを行なえることさえ、人間の感嘆すべき能力になってしまう。その速度はコンピュータにより計算された経済的な最適解となるだろうが、「コンピュータを人に近づける必要はありません。コンピュータによって、人間が変化することのほうが重要です」(11)と断言し、それを「人間に対する驚きと信頼に根ざしている」(12)と言う久保田にとって、これはいかなる問題にもならないのだろう。

久保田晃弘は自らの立場を脱人間中心主義と呼ぶが、そこにあるのは自己に対して強烈に慢心した人間中心主義でしかなく、「西洋哲学を醜くしているのが、この「神」の存在である」(13)と言い放つとき、彼は、自らが関わるメディアアートに人間が合わせよと言う彼自身こそがアートを醜くしている神になっていることにまったく気づこうとしていない。むろん、最終的には《ARTSAT》において自らのエゴを宇宙にまで拡大しようという我執もまったく省みられることはない。

全体とは何かについて、ここまではとりあえず歴史性と結びつけて考えてきた。より正確に言えば、全体が持つリアリティは、他者が持つ存在論的ノイズの複雑さによって私たちに感じ取られる。他者には――モノ、生物、人間を問わず――その背後に持つ歴史に応じて存在論的ノイズが降り積もっていく。

ハーバーマスによる「基本的な区別の解消（Entdifferenzierung）」[14]に関する議論は、存在論的ノイズが存在に降り積もるために必要な時間について重要な示唆を与えてくれる。

家畜を飼い畑を耕す農民、病気を治すために診断する医者、ある動物群の遺伝しうる特性を自分の目的で選んで改良する飼育官、〔……〕こうした古典的な耕作、治療、品種改良のさまざまな仕方に共通しているのは、自己制御的な自然の独自のダイナミズムを尊重している点である。[15]

私たちは自然によって——この自然という用語には注意すべきだが——与えられた時間のなかで生きているのであって、そこに現れる時間とは、客観的／科学的に計測可能な時間とは異なる、意のままにならないものである。

江戸時代、突然変異や人為的交配によって生まれた珍しい花を栽培し鑑賞する、変化朝顔が流行した。江戸時代には、まだ遺伝のメンデルの法則もＤＮＡの存在も知られてはいなかったが〔……〕遺伝子をある種のプログラム、花がそこから生まれる表現だとすれば、当時はそれと認識されていなかったが、上述の視点からみればまさにアルゴリズミック・デザインそのものである。[16]

このような久保田の主張はあまりにも時間に対し無感覚であり、この無感覚さは容易に、生命に対するコントロール可能性という驕慢を生み出すことになる。

むろん、私たちは、例えばセシウム原子時計やその他の光格子時計によって計測される一秒を自由に変更できるわけではない。だが、厳密な時間計測は、その透明性ゆえにあらゆる存在に対するコントロール可能性という幻想を私たちに強烈に与える。[17] より本質的な意味で意のままにならない時間とは、不透明な他者の絶えざる、かつ避けがたい現前の連続により生まれるのだ。

ジェニファー・ダウドナは、CRISPR-Cas9による遺伝子改変は「生まれてから死ぬまで体内で猛威を振るい続ける遺伝の嵐に比べれば、ささいなものに過ぎない」[18]、「今この瞬間まで綿々と続いてきた進化のプロセスを振り返れば、進化の原動力である突然変異のカオスに苦しめられた生物の例が山ほどあることに気づく。実際のところ、自然はエンジニアというよりは職人に近く、それもかなりずさんな職人である」[19]と、あたかも人間による遺伝子改変の方が自然によるそれよりも影響が少ないかのように主張している。だが、これは明らかに欺瞞である。突然変異は、自然のメカニズムとして、ダウドナ自身が無意識に認めているように連綿と続いてきた遙かな時間において捉えるべき事象であり、CRISPR-Cas9はたかだか人間の意図の長さの時間しかもたない、コントロール可能——ダウドナの主張においてカオスはまるで悪であるかのようだ——という虚構を纏ったものでしかない。「技術それ自体に善し悪しはない」[20]ことを信じて疑わないダウドナにとって、コントロール可能とは、技術によって生命をコントロールすることを指し示していると同時に、その技術をコントロールすることも意味している。技術は純粋に価値中立であり、だからこそそれをどう扱うかについては理性的な人間同士による誠実な話し合いが求められる。ダウドナの人間観は、驚くべきことにこれしかない。先進的な遺伝子改変技術を生み出した彼女においてこうであるということを、私たちはもっと怖れるべきなのかもしれない。いずれにせよ、技術は透明なものなどではなく、分かちがたく人間の善も悪もそのすべてを巻きこみながら加速していくのだし、そうとしてしかあり得ないのだ。

CRISPR-Cas9が可能にするかもしれない技術的展望の一つに絶滅種の復活がある。全体性の見地からすれば絶滅種の復活は不可能であるし、何の意味もない。それはその種が生きていたときの環境のなかで、それに関わるすべてがそれぞれに歴史を積み重ねてきた結果の交点であるそのとき、その場に存在していたからこそ、ある固有の生命たり得たのだ。だが同時に全体性は、バルトが銀塩写真において実世界と写真との間にある種の連続性を見出していたように、どれだけ幽かであったとしても連続性を残し続けるだろう。絶滅種の復活はデジタル化された奇跡として、例えばある日突然マンモスを研究室内に出現させるようなものではない。それは幾人もの研究者の想いや、それを可能にした技術が生み出されてきた歴史的過程、マンモスの体毛がツンドラの下で凍り続けてきた間に巡りめぐった季節、まさにそのすべてなのであり、それは現にマンモスが生きていたときに帯びていた全体と比べれば微々たるものであったとしても、否定することはできない。[21]問題はだから、絶滅種の復活がたかだかDNAの編集技術から可能だとするその思考の在り方そのものであり、まさに本書がデジタル化と呼ぶものの本質である。「それは＝かつて＝あった」、しかしいまはもうないという絶対的事実は、過去未来を問わずあらゆる存在に与えられた原理だ。いつでも再び甦らせられるものなら、私たちがそれと本当の意味で対面することは決してないだろう。[22]そうである限りにおいて、保存されたDNAからどれだけ何かが復活するのだとしても、それは小奇麗なリストから人間の選好によって選ばれ、時の静止したガラスケースに配置された標本に過ぎない。

マイクロバイオームから他者原理へ

近代的人間観においては、自己の内部にいかなるノイズも存在しないこと、すべてが明白であり自己にとって理解可能であることが本質的には是とされる。啓蒙とはまさに暗闇を合理によって切り拓くものであり、自己の裡に不明な何ものかが残るのを認めることはできない。もし残るとすればそれは克服されるべき恐怖であり病理でしかない。だが、現実問題として他者が在り続ける以上、その克服は不可能であるがゆえに、さらなる恐怖と病理しか産み出さない。

そうではないことを他者原理は主張する。この私の根源に在り続ける分析不可能な何か、この私にとって何ら合理性も機能性も持たないその何かが、この私の存在を支えている。

先に見たように、存在を「同時に単数かつ複数〔singulier et pluriel〕」だとするジャン＝リュック・ナンシーの議論は本書の立場にも近い。けれども、私たちが囚われているこの私という視点は、本来、意識の次元のみで完結し得るものではない。ヒトという生物の「身体を構成する細胞の七〇から九〇パーセントは、ヒト以外の細胞」であり、「身体内外に存在する遺伝子の九九パーセントが細菌由来」であるという事実は、この私という自己意識が特権化されることへ疑義を抱くことの十分な根拠となるだろう。[23] それらマイクロバイオーム（microbiome）の活動は普段この私の意識に上ることはないし、この私の意図にしたがっているわけでもない。だからといってそれらがまったく協調することなしに生きているわけではむろんなく、そこにある種の同期や同調があるからこそ、超個体としての緩やかな統合が果たされている。そしてそれは、皮膚によって外界との間に明確な境界線を引き得るようなものではなく、皮膚の常在菌が一時的にせよ肉体的接触を経由して交換されることがあるように、緩やかにではあれ開かれたシステムでもある。この緩やかな統合と開かれに同期と同調を生み出し生命を持続させる動き、すなわち生物学的な次元におけるコミュニケーションは、事実として自我主体の常に先に在り続ける。この私という意識の生物学的な基盤でありつつ、この私の意識では決して把握しきることのできない謎として在り続けるマイクロバイオームは、他者原理における生物学的／原初的な基底となる。

だが、このことを単に生物学的次元における機能として捉えるだけであれば、それは他の生物にもほぼ当てはまる事実に過ぎない。個体を超え出でるという点において、これは他者原理に一歩近づいているが、人間存在の独自性はそのことを耐えがたいまでの畏怖として認識できることにある。

他者原理が成立する条件は、第一に、この私が単独で完成したものとしての主体という幻想を抱き得る存在だということであり、第二に、そのうえでそれが幻想であることを認識し得る存在だということである。ここに、人間存在の独自性がある。この私はこの私ではないという恐怖と苦痛に満ちた――それほどまでにこの私という幻想は私たちを強烈に縛りつけている――逆説的な認識を通して、さらに逆説的に、人間存在としての私は存在し始める。この二つの段階は常に同時に起動し続けている原理であって、人間は自らの中心にある他者を認めるような存在へと成長すべきということではない。

私たちはここで安易に人文学的に価値づけされた共生という言葉を使うべきではない。人間存在が超個体としてしかあり得ないという事実は、だから私たちは原理的に他者と共生すべき／できるのだという結論をもたらすのではない。それはこの私が――この私であるにもかかわらず――常に後にしか存在しないのであり、それゆえこの私を――この私であるにもかかわらず――理解しきることさえできないのだという、存在の根源的恐怖と他者への畏怖を与える。

とはいえ、その恐怖と畏怖をこの私が否定することは容易だ。なぜなら、意識されるこの私とは、まさに意識という一見明白な言語的機能を通して現れるのであり、その直線的な論理構造にノイズが入りこむ余地はないためである。このときマイクロバイオームは、単に機能を分析できるものになる。もしそれが人間の生にとって不都合であれば、同等もしくはより優れた機能を持つ等価物に置き換えるか、あるいは薬物によりコントロールしてしまえばよい。要するにここでこれらの生物学的な基幹構造が除去可能性ノイズになるのである（そして繰り返すが、除去可能性ノイズの除去の試みは新たなノイズを生み出すことになるだろう）。

例えば、人間の手が事故で切り離された場合を考えてみよう。それにより生活が変化し、その人の人格もまた変化していくかもしれないが、基本的にはその人がその人であるということに変わりはないと私たちは感じるだろう。他方で、これを病的に突き詰めていくと、脳のこの部分を切り取ってもまだその人の人格が残る、この部分を切り取ってもまだ残る……、等々、人間存在に対する究極的な要素還元主義が現れる。

それとは対照的に、全体性とは、ある人がかつて触れた石、ある人がかつて育てた木、造った道具、放った言葉、その言葉が引き起こした空気の振動、そういったもののすべてがその人に連なり、固有性を生み出しているのだという立場を取る。在るのはあくまで在るということの不在に怖れ悩む、徹底して固有のこの私であり、けれどもやはりそれは空虚である。そしてけれども、やはりその空虚により生まれる苦しみと恐怖は空虚ではない。そこからこそ他者を求め他者を遠ざけようとするさまざまな動態が生まれてくるのだし、またたからこそ、単に全体に埋没して茫漠とした幸福に浸るなどということとはまったく異なる、人間が在るということに対する救済が見えてくるのではないだろうか。

私は私ではないという恐怖を通してしか私ではないというのは、言葉遊びのように思えるかもしれない。しかし、私は在ると断言するその背後にあるものこそが圧倒的な全体性を帯びた無数の他者たちであり、かつまた、私自身もまた他者にとってはその他者を縫い留める他者なのだ。この私の実存的な恐怖や希求こそ、その縫い留め合いの動的な総体を、安易な全体主義や共同体主義から隔してくれる。

だが、私自身もまた他者であるとはどういうことだろう。先に触れたように、この私は、超個体、つまり多数の生物の集合体としてのヒトをベースにしか在り得ない。通常、この私という自己意識は、あたかも一つの完結した生物としての意識であるかのように思いこんでいる。しかし事実としてはまったくそうではなく、一つひとつの細胞をみてもミトコンドリアとの共生体だし、あるいはより大きなシステムで考えても、腸内細菌叢によってそのときの気分が影響される[24]。つまり、この私というものは生物学的次元においてもまた無数の——しかもミトコンドリアや腸内細菌が何を考えているのかなど分からないのだから——徹底して異質な他者の集合によってしか存在し得ないものなのだ。
他者原理、すなわち、この私というものが虚であり、その存在論的な起動は他者によってなされるよりほかないのだということは、確かに私の中心に他があることを私に知らせる。しかしなお、このとき私は、「私の中心を貫く他」というイメージを抱く。超個体の議論が示しているのは、その虚なる私さえもが実は無数の生命体の集合、つまり無数の他の集合体だということだ。つまり、「私は虚であった！」と思う「私」は、より本質的には「他は虚であった！」と思う何かであるのだ。

生物学的な次元から他者原理の普遍化を基礎づけようとするとき、その普遍性には注意が必要だろう。他者原理とは、相手にいかなる条件も課すことなく、あくまでこの私にとってその存在がどうかのみを問うものであった。それゆえ、私たちは、語ることのない、理性を共有していない一匹のカエルとの関係を、あるいはまたナイフや爆弾を手にしてこの私を殺しに迫る誰かとの関係を、それぞれ極端または特殊なものとしてではなく、この私に迫り貫通する他者として、絶対的固有性を帯びているというその一点のみを等しく持つものとして、その動的構造を考えることができる。

人文学的共生が結局のところ暴力性から逃れられないのは、そこで人文学的共生の普遍性が無条件に前提されているためである。つまり、ここではいかに他者への尊敬が謳われていようとも、絶対的な異質性が認められることはない。透明な他者たちからなる共同体において、その透明性の妨げとなるもの——文化、因習、伝統など——はすべてノイズとなり、共生が普遍であり本質である以上、それはその本質の後に付着した除去可能性ノイズでしかない。このような主張はおそらく反発を受けるだろう。だが、本書は無条件に文化や因習、伝統を尊重せよなどという、単にベクトルを逆転させただけで何の根拠もない排他主義を主張しているのではまったくないし、そもそも私たちが安易に口にする伝統の多くは、近代的文化的闘争のなかで創出された、普遍主義のネガとしてのものでしかない。そのような幾度となく繰り返されてきた二元的議論を超えて、もし人文学的共生などというものが意味を持ち得るのだとすれば、それは究極的には自己というものが決して明かされることのない他者により脅かされ続けるものとしてしか存立し得ないという存在論的原理のなかに留まり続けること、そのことによってしかあり得ないだろう。その意味において、他者原理は共同を個に優先させる議論とは軌を一にしない。他者原理に力を与えているのは、あくまで自己が自己を中心として閉じた完全系ではないことを認識し、その中心にある他者の謎がもたらす恐怖と畏怖に耐え続けることによってのみ実となる、本来的に虚な人間像なのだ。

脳死者と人間の条件

このとき、私たちは大きな困難に直面する。私たちは人間存在について語ってきたが、メディアの動的構造を為す相互貫通を人間の条件とするとき、それは脳死状態にある人びとやまだ明確な意識を持たないと思われる胎児、未来世代の人びと、そして脳に大きな障害を負った人びとを、人間ではないものとする暴力になりかねないのではないだろうか。なぜなら、それらの存在においては、少なくともその時点で自己の根源に内在する他者への自覚的感応はないと思われるためである。

他者原理は本来この私にとってどうであるかしか語らないことに厳密に限定されるべきものである。脳死者をどうこう判断するいかなる権利もこの私にはない。脳死者は避けがたくかつ無条件にこの私の眼前に現れるのであり、この私はただそれに対する応答を強要されることを通して空虚なる自己を認識し、同時にそれを通してのみ実となることができる。このとき、その脳死者が意識を持っているかどうかということは、その脳死者が絶対的かつ不可侵の固有性を帯びた他者であるという事実の前において何の意味もない。そこに侵しがたい尊厳があるということを徹底して保持する限りにおいて、その他者が木であれ岩であれ、脳死者であれ神であれ、差異はない。だが、脳死者が人間かどうかに対して、では、この人間観は何も答えることはできないのだろうか。そうではない。

第一に、それは可能性の問題として捉えることができる。仮にそれが脳死者であったとしても、かつてその人に意識があったとすれば、それは単に過去として消え去ってしまったのではなく、ロラン・バルトが言うように「それは=かつて=あった」という不壊なる事実としてそこに在り続ける。また、生まれたときから意識がなかったとしても、やがていつかその人が意識を持つことが決してないとは、私たちの科学力では断言できるはずもない。その可能性もまた、単なる数値／確率で測れるものではなく、その人が未来に対して確かに持っている無数の束の一つとして確かにつながっている。

第二に、全体性の観点から答えることもできよう。もし生まれたときから意識がなく、そのまま亡くなった人がいたとしても、その人を生んだ誰か、家族の誰か、あるいはその他誰でもそこに関わっていた人たちの想いが、脳死者であるその人を焦点として刻まれ、この私はそれを幻想ではなく事実として観取する。ある脳死者が独りベッド上でチューブに繋がれているとして、あたかもその人体単独を切り出せるかのような議論はまったく無意味であり、現実を無視している。そこには家族、医師や看護師、技師、あるいはそこにあるさまざまな器具を作り出した人たち、その人たちの生活を支え囲む人びと……といった無限と言ってもよい連鎖がある。その関連性の濃度を問う旧態依然とした倫理はもう充分だろう。機能不全を起こした脳は、繰り返すが、決してそれ単独で存在するわけではない。だとすれば、その脳死者を一つの存在たらしめているその周囲にある／あった／あるだろうすべてのものの焦点としてその脳死者を見るとき、そこに在るのは、単純な自然科学的現象としての脳死を超えた、この私にとっての確かな他者としての脳死者となる。要するにこのことは、時間と空間の拡がりのなかで、その存在が意識を持つ可能性をかつて／いつか持っているのかどうかを問うていることになる。

そして第三に、他者が意識を持つかどうか、より直接的には、その他者が仮に人間としての基準なるものがあったとしてそれを満たしているかどうかをこの私が判断するということは、端的に言って驕りでしかない。脳死者を前にしたとき、私がまったく無反応ではいられないとすれば、それはまさに、そこに問いかけが生まれていることを示している。意識を持たないように見える脳死者であってもこの私に問いかけてくるのであり、この私がその問いかけに応答する者としてしか存在を始めることができない以上、その脳死者もまた絶対的な他者である。存在論的にこの私より先にある他者についてこの私が判断できるはずもない。

以上の論点をまとめると以下のようになる。

（1）ある脳死者がいつの時点かにおいて意識を持つ／持っていた／持つであろうことは否定できないということ。

（2）仮に意識を持つことなく生まれて死んだ場合であっても、その生に関わったすべての人びとから、少しでも意識を持ち応答することを願われたのであれば、それは切り取られた脳単独の機能性といった虚構を超え、その生の全体のなかで、意識というものに対する可能性を事実として持っていたということ。

（3）そもそもこの私を私たらしめる他者に対して、常にその後にしか存在し得ないこの私がその他者をいかなる他者であるかを断じるのは、原理的に不可能であるということ。

だとすれば、人間の条件は、この（1）（2）で十分だと言えよう。つまりその存在が可能性として他者原理を持ち得たかどうかということ、そしてその可能性は可能性として在ったというだけで既に事実と変わらないということが、その存在が人間であったかどうかを決定する。「この私の存在することに対する苦しみや怖れとは何か」という徹底してこの私に限定された問いに対してのみ、私たちはその根源を他者原理に求めることができる。他者原理における他者は、この私に空間的、時間的な全体性をともないつつ現前し貫通することのみが重要であり、意識の有無は問われない。

語り出す石

そしてどのみち、私たちは皆ある種の欠落を抱えていることに違いはない。ベルナール・スティグレールは、エピメテウスの神話を引きつつ、人間の特性を「根源的欠陥」にあるとする。人間はそれを埋めるために、実体をともなわないものを含んださまざまな技術を生み出していく。したがって技術は、自由意思に基づいて取り外し可能な外在化された何かではなく、人間存在の本質的な条件となる。スティグレールはこれを補綴性（prothéticité）と呼ぶ。

補綴的にしか特質を持たない「死すべきものたち」は逆に、絶えず自らの特質を、すなわち自らの運命を、自らの時間を探し求め続けるよう定められた動物です。この時間性は、「死すべきものたち」の起源には起源の欠如〔根源的欠陥〕しかない、その意味では「死すべきものたち」は起源を持たないという事実の上に成り立ちます。〔……〕人間は自らの存在を自身の内に見出さず、自分で発明し作り上げた補綴物のただなかに見出すという意味において、人間は企みに満ち技術的です。[25]

（傍点部は原文ではゴチ）

このように考えるスティグレールにとって、「たとえ生きられた記憶、血の通った記憶を問題にする場合であっても」[26]、記憶は常に人工的な、技術によって補綴されたものとなる。むろん生物としての人間には、人工的、技術的でない記憶の層もある。その第一が種の記憶で、ＤＮＡによって世代を渡り伝えられていく。第二が個体の記憶であり、多くの動物が持つそれぞれの個体のライフサイクルのなかで獲得された経験の記憶である。しかし、人間には第三の記憶もあり、スティグレールはそれを後成的系統発生《エピフィロジェネーズ》と呼ぶ。それは「知の集積の系統発生的 phylogénétique な支持体、つまり世代をまたぐ文化のまさしく門〔分類学的な意味での〕を構成する支持体であるという意味において」[27]であり、それゆえ、「この知の集積を持つのは、もはや単に種としてのヒトとは呼べない、人類と呼ぶ他ない存在」[28]となる。この第三の記憶を担う技術の典型として文字が挙げられるが、しかしフリント製の打製石器も記憶を伝えることができる。この点についてスティグレールは次のように言う。

技術全体は人間にとって、エピフィロジェネーズ的記憶が生じる場なのですが、だからといって、あらゆる技術が記憶を保持するためのものだというわけではありません。フリント製の打製石器は記憶を保持するためのものではありません。〔……〕その一方で石器は、使用者の意図とは無縁に、記憶の媒介にもなります。[29]

フリント製の打製石器とは、材料に、すなわち、無機的で組織化されていないけれども、削るという行為によって組織化される材料に与えられた形態です。技術的な動作が刻みこむ組織化は無機物を通じて伝達され、〔……〕各個体が獲得した知を生物学的ではない手段によって伝達する可能性が開かれます。[30]（同前）

この石器の例[31]は、本書におけるメディア理解に近い。記憶技術に注目するスティグレールは、その点でメディアを人間の身体的機能の拡張として捉えるマクルーハンに近いと言えるが、本書ではむしろ、全体性を帯びた他者が避けがたく一方的にこの私に迫る経路としてメディアを捉えている。打製石器に残された削り痕は、それに対面するこの私に、その切削の痕跡を頂点としてその背景に巨大な全体――それを削った誰か、その誰かが暮らしていた集落や当時の気候、削るために用いられた石、それを握る手、対峙していた獲物、石器が数万年、数十万年眠り続けてきた地層——を浮かび上がらせる。それゆえ、本書ではスティグレールとは異なり、文字とフリント製打製石器との間に本質的な差異を見出さない。ただし、スティグレールもこの全体性自体は強く意識している。少し長くなるが、重要なポイントなので引用してみよう。

> 今私が意識の「自らの過去」と呼んだものは、この意識によって生きられた過去にとどまりません。私ベルナール・スティグレールは単に、五一年前にこの世に生まれて以来の経験の集積ではありません。私はある意味で、この対談〔『偶有からの哲学』のこと〕の始めからお話してきた〔人類の〕全過去でもあるのです。〔……〕この対談の始めからプラトンやエジプト人、メソポタミア、ネアンデルタール人、アウストラロピテクスについてお話していますが、何らかの意味で、私はそれらのすべてである。私がそれらの遺産を私が受け継いでおり、その結果それらの遺産が私を根本から構成しているという、少なくともその意味では、私はそれらのすべてです。私は、文化と呼ばれるもの（これが、もちろん一定の役割を持つ生物学的遺伝と結びついて）の形で私が受け継いだ痕跡の集積を通して、この全過去を再活性化させたわけです。[32]（同前）

だが、私たちはスティグレールが全体を語るからこそ、彼の言う第三の記憶が「人類と呼ぶ他ない存在」を現出させるのかどうかについて簡単には同意できないことに気づく。いやむしろ、この点においてこそ決定的な人間観の違いが表れている。スティグレールはオルトテティック（orthothetique）な記憶技術について述べている。過去を正確に再生できる記憶技術を意味するオルトテティックは、記憶技術の蓄積性を高めることができる。アルファベットに代表されるこのオルトテティックな記憶技術がスティグレールの技術論において重要な位置を占めることからも明らかなように、彼にとってはいわゆる文化や人間の知といったもの、そしてその伝達が無条件に価値づけられている。むろん、本書もそれらの重要性を否定するわけではない。しかし本書がここまで主張してきたことは、むしろフリントに遺された痕跡を遙かに超え、客観的、合理的、あるいは科学的な次元では誰にも届かなかった声、誰にも気づかれることのないままに消えた生、さらにはあるとき森の落ち葉の下に潜んでいた一匹のカエルの息づかい、そういった、いまこの私が生きている大気と大地に満ち満ちた密やかなノイズにこそ、全体と貫通が見出されるということだ。

それはこの私が勝手に想像、あるいは妄想しているものに過ぎないのではないのか？それは人間のエゴイスティックな感傷を他者に押しつける、閉じた自己意識を隠蔽するための、他者性に対する厚かましい称揚に過ぎないのではないのか？あるいはせいぜい、ただの神秘主義に過ぎないのではないのか？そうではない。むしろ誰にも聴かれることのなかったある木の葉の風に擦れる音を否定する態度こそが容易に、黴の生えた人間中心主義や、あるいは相互理解を至高とするドグマを導き出すことになる。

私たちは自然科学的事実とは別の次元において真理を語り得るし、また、真理が語られる構造について語ることもできる。このことについて、保苅実によるアボリジニのオーラルヒストリーに関する優れた洞察を見よう。

> 僕が史実性から解放された歴史学を主張したからといって、そのことと「なんでもあり」とは、まったく別の話です。そうした理解は、アボリジニの人々が行なっている歴史実践についての完全な誤解です。確信をもって主張しますが、僕がつきあったアボリジニの歴史家たちは、「好き勝手に自分の都合のよい歴史を捏造」したりなんて、決してしていませんでした。グリンジ・カントリーにおいて、歴史は語り継がれ、共有されているのです。ある人物が、突然歴史物語《ストーリー》を捏造したって、そんなでっちあげを誰もまじめに相手になんかしません。誰一人として、「さーて、今日はどんな歴史があったことにしようかなー」なんて考えて、新しい歴史物語り《ナラティブ》を話し始めたりなんかしないのです。(33)

そのうえで保苅は、彼らの語りをその共同体において共有される神話や信念として無毒化した上で尊重するという、表層的な開かれによってイデオロギーを隠蔽する在り方を批判する。西洋近代を絶対化、普遍化し、それ以外の歴史実践を「普遍化されない

「危険な歴史」」として排除/包摂するのは、歴史の持つ「根源的多元性」[34]に対する植民地主義的暴力に他ならない。では私たちはどのようにそれら多様な――何しろそこでは「動物は話しかけてくるは、植物は話しかけてくるは、場合によっては、石だって歴史を語りだす」[35]のだ――歴史実践と向きあえばよいのだろうか。

保苅はそれに対して、「経験的な歴史への真摯さ（experiential historical truthfulness）」[36]によって応えようとする。保苅の温和で開かれた思想に学ぶべき点は数多にあるが、しかし本書における他者原理からすると、この私にはそもそも向きあうことに対する選択の余地はない。それは避けがたいものなのだ。そしてその避けがたさ、すなわち迫真性にリアリティを与えるものこそが存在論的ノイズである。そこには、想像力や共感という、多くの場合正の価値を与えることに抵抗感を持たれないような感情が入りこむ余地はない。それは意のままにならず、避けがたく、恐怖と苦痛をともないこの私の中心に常に先に顕現し続ける。要するに、それが他者なのだ。

信頼

このようにして、私たちは改めて他者原理を基礎づけることができる。だが、私という存在が全体のなかに在るものとしてしかあり得ないという主張は、決して個を抑圧する反動的全体主義を意味してはいない。文化や人間の知に対する信念を表明するスティグレールも、そのような反動主義と明確に一線を画す。そしてだからこそスティグレールの思想は、近代思想の枠組みを超えることはない。けれども、メディアはオルトテティックな記憶技術によって規定されるものではない。この私に巨大な全体をともないつつ迫り貫通する他者というとき、そこにこの私という自律した自我主体など存在せず、しかし貫通されることによってしか存在し得ないこの私という根源的な矛盾に苦しむ私は確かに存在する。それは民族や伝統を単なる理念や記号に変換したうえで掲げ直し、個の没入を要求するような全体主義とは完全に相容れない。だがそのとき私は、個として文化や人間の知の伝達を第一義に考えているわけでもない。では、他者原理において歴史の継承はまったく不可能なのだろうか。これもまたそうではない。

他者原理が語れるのは、あくまで、常に不明な他者を自らの根源に据え続けなければならない、空白の恐怖に耐えるものとしてのみ主体であるこの私についてでしかない。他者が何者であるのかを私たちは語ることはできない。それでも、私は何かを語り、何かを遺そうとする。もし、完全な意味で他者原理が、すなわち歴史を帯びたものとしてこの私を貫通するその運動がただこの私にしか働かないのであれば、私は決して何かを語り、何かを遺そうとは思えないだろう。他者原理はつまるところどこか唯我論めいたものに過ぎなくなり、この私が死ねばもはやその後の世界＝環境について何も語れなくなってしまう。だがそれだけではない。日々の何気ない生活を通して、この私は、他のあらゆる存在もまた貫通されることを見てとる。私がある道具に、ある大地に、ある木に、ある岩に触れるとき、私はこの私がその道具に、岩に確かに触れたのだと感じる。そのとき、私は、私を焦点として背後に拡がる全歴史をいま・ここという一点に収斂させ、その岩を貫通している。そしてその貫通が巡り巡って、やがてあるとき、いまはまだいない誰かを貫通することをさえ、私は信じる。そこには、他者原理を他者へ適用することの不可能性を超え、他者を貫通し得るものとしての私という、他者の他者原理への信頼がある。

したがって、他者における他者原理への信頼は、基本的には人間に対して向けられるものとなる。ある一匹のカエルは、この私にとって畏怖すべき絶対的固有性を帯びた他者ではあるが、他者原理は持っていないかもしれない。けれどもそれは徹底した固有性を持ち、その背後に巨大な全体性を負い、除去不可能な存在論的ノイズを帯びてこの私を貫通する他者なのだ。それはやはり、この世界にこの私を縫い留めている。互いに縫い留め合う者同士、つまり互いが他者原理を持つ者同士は、相互貫通という点において、単にこの私を縫い留めるだけでそれ自身はこの私によって縫い留められることのない存在とは異なるかもしれない。しかしそれらは、どちらがより優れているとか、あるいは人間であるとか、そのような価値判断のまったく及ばない「メディオーム」として、すなわち時間も空間も超えて私の眼前に現れる、かつて＝あった、いつか＝あるものさえ含んだあらゆる他者との巨大で動的なコミュニケーション空間を生み出すもの同士として、完全に等価なのだ。ある一つの岩はこの私にとって他者と認識されるが、その逆、つまりその岩がこの私を他者と認識し他者原理に目覚めることはおそらくない[37]。相互に他者であると認識し合える存在同士によってしか相互貫通はあり得ない。しかし、相互貫通できない他者（鉱物、植物、動物、空気、光、道具、概念、記憶等々）をも含んだメディオームのなかで、他者原理を持つ存在が特権化されるわけではまったくない。他者原理は、一匹のカエルより人間を優れた存在にするためのものではまったくない。それは唯一人間存在だけが持つ、しかしその属性の一つに過ぎない。そしてそれにより私たちは、ただ他者に貫通されたものとしての自己という矛盾した存在形式に苦しむだけでしかない。その苦しみこそが人間を人間たらしめる。それは英雄的でも何でもなく、存在論的次元における単なる事実に過ぎない。しかしこの事実によってこそ、私たちは人間を特別で優れたものとするようなドグマからも、逆に人間存在の独自性を放棄した相対主義からも自由になることができる。

この、他者の他者原理への跳躍は、私たちの何気ない日常において意識されずとも常にその背後に流れ、私たちの現実に生命を吹きこみ続けている。神を信じるということが、信じる主体であるこの私を超えるところにあるのなら、信仰はそもそも合理的次元において可能なものではない。しかしその不可能性にこそ信仰の秘儀が示されている。と同時に信仰は、日々の何気ない生活の不断の連続のなかに息づかない限り、生きた信仰とはなり得ない。この同時性に信仰のダイナミズムがある。

同様に、私たちが共同について語れるのだとすれば、それは他者の他者原理という語義上の不可能性を超えた信頼によるよりほかはない。このとき信頼は、善性や共感への安直な依存ではなく、むしろ、互いが互いにとって恐怖と苦痛でしかなく、にもかかわらず、むしろその恐怖と苦痛ゆえにこそ、無数の貫通が私たちを私たちへとつなぎとめていることへの確信を意味している。そしてその確信は、他者が私を貫通する際の確かな手触り、つまり存在論的ノイズという否定しがたく生々しい摩擦の実感によって可能となる。それは普遍的な価値理念に基づいた共同ではなく、この私に迫りくる何ものかに対する恐怖と苦痛によって与えられる絶対的な現実感覚である。

だが、そのような恐怖と苦痛を、普段の日常において、社会的生を送る私たちは本当に感じているのだろうか？　むろん、そうではない。人間はそのような不断の緊張状態に耐え得るほど強くはないし、だからこそ私たちは長い年月をかけさまざまな文化や規範を生み出してきたのだ。

だが、社会的次元において安定したその日々の生活のなかで、信頼の背景にある原理が失われることはないし、その安定の時間の長さに反比例して原理が衰頽するわけでもない。なぜなら、他者は社会的次元においてではなく個においてこそ現れるのであり、ひとりの人間の生を考えたとき、彼／彼女があるとき星空を見上げ眩暈に襲われる、森の中でふと静寂に囲まれていることに気づく、道端に倒れた見ず知らずの人間に出くわす、そういったありふれた、そして否定しようのない経験のなかで、常に繰り返し立ち現れ続けるものだからだ。

　スティグレールは現代においてオルトテティックな記憶技術が変性し、「あらゆる形における記憶［……］の産業化、すなわち商品化のプロセスとしてのこの新時代は、精神の歴史上の一大危機、ひょっとすると壊滅的な危機の舞台である」[38]と言う。この危機は、記憶の解釈において可能であったディアクロニック性が、大量消費のためのマーケティングとして市民を消費者に変えることによりシンクロニゼーションへと変性していくことによって引き起こされる。だが、優れた技術論／人間論を展開しているスティグレールにおいてさえも、最終的にその結論は市民社会を守るための闘争へと落ち着いてしまう。したがってスティグレールは、オルトテティックな記憶技術としての文字コードでは保証されていた「読み手と書き手の立場の交換可能性」[39]により成立していた共同性が、産業化されたオルトテティックな記憶技術（例えばアナログ式の蓄音機など）により生産者－消費者という不平等な構造へ変化していくことを批判するだけに留まってしまう。

　だが、人間の関係性は対等などではないのだ。もし対等であると前提するのなら、私たちは自由や平等について語る必要はない。なぜならそれは既に在るのだから、後はその発現を阻害する不純物《ノイズ》を除去するだけでよい。それが幻想でしかなく、永劫に続くその除去への圧力が人間存在に病理を生み出すことを、私たちは既に十分実感している。

　民主的な社会を目指すこれまで人類が積み重ねてきた営為が完全に無意味で、錯誤と欺瞞でしかなかったと主張しているのではない。そうではなく、そのような闘争そのものが持つ狂気に満ちた妄執それ自体は極めて人間的なものであり、だからこそ、それを理念として称揚しそれから外れるものを病理として無知として野蛮として断罪するのではなく、むしろそれ自身の狂的な執着の力がどこから来るものなのかをこそ明らかにしなければならない。理念は決して人間存在の原理となることはない。しかしそれは人間存在の原理から生み出されるものだ。恐怖と苦痛こそがその理念の背景にあることを理解して初めて、私たちは理念を正しく位置づけることができるだろう。

信頼は、そしてその可能性を確信させる存在論的ノイズは、恐怖と苦痛をこの私に与え続ける他者原理を他者の他者原理へと跳躍させることにより、この私をメディオームへと導いていく。それは私たちが実際に生を送る具体的な共同体ではないが、それでもその共同性に生き生きとした実感を与え駆動する、密やかだが深い力を持っている。

とはいえ、それは結局のところ密やかなものでしかない。いま現実に私たちが目にしているのは、むしろその密やかな律動を不要なノイズとして徹底的に除去していこうとする私たち自身の欲望なのだ。

ビットコインは、貨幣が真の意味で初めてデジタル化したものとして考えることができる。そのビットコインに関わる幾つかの製品を提供するBlockstream社のCEOであるサムソン・モウは、ビットコインの基盤技術であるブロックチェーンについて、信頼の概念を変えるものだと言う(40)。「Don't trust. Verify」という恐ろしいまでに率直なスローガンは、彼の主張を象徴的に示している。ブロックチェーンを利用することにより、信頼はより透明化されていく。むろん、彼の議論は金融インフラを対象としたものではあるが、しかし先に与信について見てきたように、これはやがて信頼に関わるあらゆるものごとに対する私たちの理解を転倒させていく可能性を持つ。だが、verifyに必要なのは、痛みでも覚悟でも跳躍でもなく、単なるマシンパワーでしかない。その透明な信頼を、果たして本当に私たちは信頼と呼ぶのだろうか。

メディオーム

そう、おそらく私たちはそれを、新たな信頼と呼ぶことになるだろう。けれども、それは1＝1という恒等式に対する信頼、イデアの世界における完璧な円に対する信頼と、何ほどの違いもない。そこでは他者は必要ないし、すべてがこの私に理解可能で制御可能である、すなわちすべてがこの私であるとき、この私は存在しない。それでも、自我主体という妄執に駆られたこの私は、その消失点に、火に飛びこむ蛾のように魅かれ続ける。だが否定しようのない圧倒的な事実として他者は在る。透明で理解可能で制御できるものの対極に位置する他者が在ることを自我に眼の眩んだこの私がなお直観する可能性を持ち続けるのは、偏《ひとえ》に、その他者が纏う存在論的ノイズの絶対的な不透明性、理解不可能性、そしてその意のままにならない有様による。存在論的ノイズがこれらの特性を持つのは、それが固有の時間軸を辿るなかで誰にも変えることのできないものとして降り積もってきたからだ。私たちは全知でない以上そのすべてを知ることはできないし、全能でない以上そのすべてを意のままに制御することもできない。しかし逆説的に、存在論的ノイズにより突きつけられるその意のままへのならなさこそが、この私が在ることを確信させる。そして、それはこの私においても同じなのだ。この私自身が、自らを損なうもの、既に失われてしまったものさえ含めた無数の生命と物質の循環の中で無限の存在論的ノイズに塗れていま・ここに顕在しているという事実が、自らもまた自らの理解を遙かに超えた全体性をその背後に繋ぎ、この場に在ることを実感させる。そこからこの私という本質を濾過し抽出することはできない。つまりこの私もまたこの私にとっての他者なのだ。

他者がこの私自身にも在る、すなわち、私自身の他者原理が実際には他者の他者原理であるという端的な事実により、私は他者の他者原理という不可能性を信頼することができる。共同が始まるのは、この地点からである。

もしそこに存在論的ノイズがなければ——ただし他者は厳然として存在する以上、存在論的ノイズを除去可能性ノイズと見なすようになる私たちの人間観こそが変化しているのだが——この私は存在しないし、共同もあり得ない。なぜなら、除去可能性ノイズが除去された幻想としての他者は凹凸もなく透明で、それはこの私を縫い留めるためのいかなる力も持たないからである。そして除去可能性ノイズとしての他者はノイズを除去されているがゆえに一切が明らかで分析可能であり、仮に貫通により私の根源に達したとしても、いや根源に達するからこそ、それは他者原理を根底から破壊する。私のなかには、もはやいかなる影も謎も存在する余地はない。

だが、私は他者から本当にノイズを除去することなどできはしない。除去可能性はあくまで可能性に留まり、常に残され私を脅かすノイズをこの私は許容できない。だから私たちは、憎悪と恐怖をもって共同を破壊していく。

そしてもちろん、逆の可能性もある。老人の顔に刻まれた皺のように他者に刻まれた存在論的ノイズこそ、その豊かな凹凸の摩擦によりこの私を共同へと縫い留めることを、私たちは感じ取る。存在論的ノイズにより裏打ちされた全体と貫通により、欲望の二重らせん構造の破断への圧に、人間は耐えることができる。

互いに貫通された者同士として、私たちは存在論的に縫い留められるし、またたとえ相手が単なるモノであったとしても、それは他者として私を貫通し得る。この縫い留められた存在の全体がメディオーム（mediome：media+ome）である。メディオームの強度は貫通の深度により決定される。貫通の深度は他者が背後に持つ全体に影響され、その抜きがたさは他者に降り積もった存在論的ノイズの深みによって与えられる。

例えばこの私が、窓の外に木々の見える部屋で椅子に座り、かつて生きていた祖父が写っている古い写真を眺めているとする。そのとき、その一葉の写真は、単純にそれが存在するその場から切り離し可能なものではないし、その画像情報をビット化したものとは何の関係もない。それはその背後に決して別つことのできない長大で広大な時間的／空間的広がりを持つのであり、その遙か彼方から、そこに写されていた祖父が顕現しこの私を貫通する。そしてそれは写真だけではない。そのとき私が着ている服、私が座っている椅子、私が眺めている風景、そこに生えている一本一本の木々、私自身の身体、それらあらゆるものがその背後に固有の時間的／空間的広がりを持ち、私を貫通している。同時に、この私もまたそれらを通して、やがていつか誰かを貫通するだろう。ここに現れている、動的に互いを貫通し合う構造の全体こそがメディオームである。要するにメディオームとは、この私を在らしめる時空を超えた無数の他者たちにより生成される固有の動的な場である。この私が存在することへの確証、そしてこの私と他者たちとの共同性は、メディオームの豊かさによって保証される。

さまざまな現代メディア技術に満たされた私たちの生きている日常の場は、一見変わらないようにも見えつつ、実際には技術の進化による徹底した変化を蒙っている。それは人間存在の原理から生み出された変化である以上必然であり、同時にそこには、病理へとつながる断絶もある。

例えば、私たちは会話をする。会話そのものはあらゆる時代において常に人類が行なってきたことだ。十万年前であれば、空気を直接的な媒介とした音声による会話は、ごれだけ大声で話しても二者間の距離はせいぜい百メートル程度が限界であっただろう。しかしやがて一九六九年、人類は地球−月間の会話を成し遂げた。それは直接的な音波ではなく、あくまでアームストロングの、あるいは管制官の肉声をデジタル信号に変換し、さらにそれをアナログに復元した音に過ぎない。それは会話と呼べるのだろうか？

いずれにせよ、私たちは普段、スマートフォンを通して聴こえてくる恋人の、友人の、家族の、あるいは他の誰であれその人の声を、その人の声として聴いている。地球規模の通信ネットワークにより、その人が地球上のどこにいようが関係はない。また私たちは、テープを通して、あるいはＩＣレコーダーによって、既にこの世には居ない誰かの声を聴くことさえできる（蝋管やレコードの場合はアナログ記録ではあるが、直接的な音声が変換された信号であることには変わりない）。このときもまた、私たちはそこで再生される声をその人の声として聴いている。とすれば私たちにはもはや時間すら制限にはなり得ない。

きみが街中の雑踏を歩きながらスマートフォンで海外に住む友人と会話をしているとき、あるいはシド・バレットのヴォーカルに耳を澄ませながら電車で移動しているとき、きみの存在している場は、十万年前、きみが仲間たちとともに獲物を追っているときに呼びかけを交わし合っていた場と、共有する部分を持ちつつ、根本的な変容を遂げてもいるだろう。

あるいはＡＩについて考えてみよう。既に見たように技術的特異点《シンギュラリティ》などという疑似科学には言及する価値もないが、だとすればなぜ私たちはＡＩが囲碁で棋士に勝利することに対してこれほど騒ぎ立てるのか。むろん、純粋に技術的次元においてそれが無意味だということではない。しかしそのことと人間が囲碁を打つということとの間にある根本的な差異について、あまりに無頓着な議論が多い。ここには少なくない人文学者たちに見られる技術への無理解がある。「いまや二一世紀に入ったというのに、哲学者たちが「私はコンピュータと携帯電話を持っているが、どういう仕組みで動くのか全く分からない」と言うのをよく耳にするのです。〔……〕まるで、機械がどのような仕組みで働くのか理解しないことが、誇らしいことであるかのように」[41]（傍点部は原文ではゴチ）

技術に対する歪んだ愛憎が、ＡＩがもたらすものごとに対して、多くの議論を無意義なものにする。そこではいったい何が議論されているのだろうか。複雑性クラスの問題についてなのか、深層学習についてなのか、ＡＩが経済に及ぼす影響についてなのか、それとも人間存在そのものの再定義を問うているのか？ それらはそれぞれ別の枠組みで語られるべきことだ。棋士が勝負の一手を放つときにつまむ石の手触り、それを盤面に置くときの硬質な音、対面している棋士の表情、目つき、呼吸、その場の匂い。定石の歴史、その一手一手に想いをはせること、自分の打った一石がやがてそこに連なっていくであろうこと。その全体こそ、私たちが囲碁と呼んできたものではないのか。これは決してロマン主義でも反技術主義でもない。もし私たちが人間存在と技術について語りたいと思うなら、私たちは人類の歴史と空間の広がり全体のなかに技術を位置づけるよりほかはないということなのだ。事実として、チューリングテスト[42]は私たちが生きているこの現実社会から乖離した断片未満のものでしかない。しかしそれは、きみと私が対話をするということについて、そしてそれを可能にしているその場の全体とは何かについて、反照によって私たちに手がかりを与えてくれる。

私たちはしばしば、デジタル技術によって、社会がこれまで持っていた身体的次元が仮想化されていくと主張する。しかしそのとき私たちは、そもそもそのような言説自体がある種の仮想化の力を持つことに気づいていない。だが現実社会においては、私たちがAmazonで何か商品を購入するということは、限界に達している物流の問題と分かちがたく結びついている。この当たり前の事実は、しかしいわゆる一般の情報社会論において、同一の枠組みとしては捉えられていない。それゆえ、物流の限界に対する解決策としてのドローンの活用やあるいは3Dプリンタによるパーソナルファブリケーション[43]などといった事象に対しても、個別の枠組みから視点の定まらない分析をすることになる。私たちの手元にAmazonで注文した商品が即日届くことだけを切り出して情報社会論を語るとき、私たちはそれが手元に届くまでのあらゆる現実の労力を、それに関わる人びとを捨象している。だが本当は、いま私たちの手元にあるその商品にも、それを作り、いま・ここへと送り届けたすべてのものの全体がある。

バイオアート、木、そして全体性

メディオームのなかでは、すべての他者がそれぞれに絶対的な固有性を持ちつつ絡み合い、この私を無数に貫通することで、この場に強度とリアリティを与える。そこでは、きみも、一匹のカエルも、一本の巨木も、あるいは一個の小石も、何も共有していないという点においてのみ共通性を持つほどに異質な他者として等しくある。では一台のスマートフォンはどうだろう。そのスマートフォンの背後に巨大な全体があるとしても、デジタル化以前から存在していた他者との間にはやはり差異があるのだろうか。ワイス・マーシャルは、生命と非生命との間にいかなる境界線を設け得るのかについて、バイオアートを通して考察するなかで次のように言う。

バイオテクノロジーによって誘発される疑問の中でも最も興味深いのは、存在論的なもの（生命とは何か？）ではなく、倫理的な問いだ。つまり、私たちはモノ（生物も非生物も含めて）に対してどんな責任を負うているか、という問題である。たとえば、ロボットを「殺す」ことは可能だろうか。あるいはロボットは破壊したりスイッチを切ったりすることしかできないのだろうか。〔……〕新しい科学技術と、それによって可能になる（あるいはそれによって必要となる）美術は、私たちに、生物と道具の間、人間と人間でないものの間に明確に引かれていた境界線の見直しを要求するのみならず、もし生物が道具として利用できるものならば、逆に道具にも一種の生命が宿っているであろうと認めることを私たちに迫ってくる。[44]

これは興味深い指摘だが、しかしマーシャルが指摘しているのとは逆に、いま私たちがアートに見出しているのは、むしろ生物を道具と見なすことに偏重した、歪なＤＩＹ創世記なのではないだろうか。

今日のバイオアートの大きな流れを生み出しているのは「コンピュータを生物らしくする」ことよりもむしろ「生物をコンピュータのように」扱おうとしていることだ。ＡＴＧＣの４つの塩基で記述された、デジタルコードとしての遺伝情報を含む細胞や生命は、プログラムすることが可能な計算機である。だとすればそのプログラムを書いたり（書き直したり）、あるいは細胞という計算機を一から設計制作しようというのは、人類のコンピュータ開発の歴史をみれば、至極当然のことだといえる。[45]

先に登場した久保田晃弘は、ここでも相変わらず、生命のデジタル化を「至極当然」のこととしてアートの方向性を断定する。久保田はまた別のところで、彼の人間観を

「細胞芸術宣言」なるもので次のように高らかに謳う。「細胞を構成する要素は、水分や蛋白質などの、さまざまな物質だけでなく、その核の中にあるDNAは、ATGCの四つの塩基からなる、デジタル情報メディアである」[46]。

バイオハッカー＝デザイナーを標榜する英国のラファエル・キムは、「私の典型的な作業場は、簡単な実験室とデザイン・スタジオの中間のようなものです。ちょっと例を挙げれば、シャーレや試薬ビンやピペットが、ハンダ付けステーションやスプレーペンキの容器や3Dプリントしたパーツなどと、スペースを共有していることが日常茶飯事なのです」[47]と語る。CRISPR-Cas9がそうであったように、ここでは生命というものの持つコントロール不可能性は本質的な意味ではまったく考慮されないし、自らが生命の創造者となることへの畏れもない。それゆえ、これも先に触れた石黒浩らによる「ロボットの持つ「生命らしさ」を外見だけでなく、運動の複雑さで実装した」作品《Alter》[48]に対する評価として、美術家を名乗る中ザワヒデキによって次のような発言がまったく無批判に為されることになる。

人形も彫刻もロボットも、人が人を創ろうとする同じ欲求の顕われだ。それを創造と呼ぶのであり、そのための技術が芸術の原義だ。神は自らに似せて人を創ったとする宗教の存在も、人工知能や人工生命を科学として追求する態度も、等しくこの欲求に根ざしている。[49]

ここには創造者であることと被造物であることとの間に横たわる絶望的な断絶についての畏怖も内省も、欠片さえありはしない。いや、もはや世俗的な神さえ存在せず、ただ、自らをデジタルデータと見なすことに過剰適応した者たちによる空虚な饗宴があるに過ぎない。だが、「コンピュータで生物を模倣（シミュレーション）しようとしていたことが、逆に生物がコンピュータを模倣しようとすることに、いつのまにか（マクルーハンのテトラッドでいうところの）「反転」してしまった」[50]と思っているのは彼ら自身であるに過ぎない。そこでは「シミュレートされたものとシミュレーションの相違は根本的なもの」[51]だということへの繊細な眼差しなど期待すべくもないし、「模擬実験《シミュレーション》が究極の現実である時、そもそも宇宙は何ゆえに存在の重荷を担うのだろうか？」[52]という問いに対する応答など望むべくもない。

米国のアーティストであるエドワルド・カッツの作品《Genesis》では、大腸菌のDNAを改変し、モールス信号化した旧約聖書創世記一章二十八節「海の魚、空の鳥、地の上を這う生き物をすべて支配せよ」を書きこんだ[53]［図5］。さらに観客は、この大腸菌にUVライトを照射することによって突然変異を起こせる。この作品に対しては多義的な解釈が可能だが、明示的に聖書をモチーフとしている以上、生命のデジタル化に対して肯定的であるにせよそうでないにせよ、少なくとも久保田晃弘や中ザワヒデキよりも批評への余地を残しているとは言えるだろう。

図5　エドワルド・カッツ《Genesis》
Installation at Instituto Valenciano de Arte Moderno. 2007.
出典：https://www.ekac.org/genphoto.html
Photo: Otto Saxinger.

だがいずれにしても、私たちが生命さえ直接操作できる——という幻想を共有した——時代を生きていることへの批評性は失われている。コントロールすることへの批評的態度とコントロール可能かどうかへの批評的態度はまったく次元を異にした問題である。私たちは既に遠く一線を超えてしまったのだろうか。

このような無批判的態度は、東信による作品《式1》において露骨に現れてくる。これはステンレスフレームの立方体のなかに柏槇をワイヤーで吊るしたインスタレーションである。この作品に対して、ジュリア・バンテインは次のように分析する。「植物を土から引き上げると、その根系（地中における根の分布状態）が露出し、視覚的なノイズが全くない植物本来の姿が明らかになる。ギャラリーの中でのその松の姿は、博物館における古代の遺物や宗教的なトーテムと似ている。つまり、背景や文脈から完全に分離した、オブジェクトそのものだ」[54]。

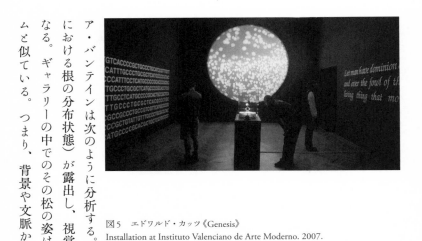

言うまでもなくここではヴァルター・ベンヤミンのアウラの議論が意識されている。その全体性から無理矢理引き剥がされた木は、もはや木であることを止めている。それを木たらしめていた存在論的ノイズは単純なノイズとして、つまり除去可能性ノイズとして排除され、あたかも、まるで「木」という純粋な存在形式があったかのように扱われる。だがそのようなことが果たして可能なのだろうか? 同じく東信による《水と盆栽》では、作品そのものが「すべてが含まれた1つの生態系」として設計され、「盆栽は水の中で発育し、浮遊性の海藻のように生育する。展示の際には、エンジニアリングと進化論を組み合わせた精巧な装置が現前する」[55]。これと類似した作品に対して東は次のように語る。「……私たちは、自らの力で移動することのできない植物を、気候や環境、国や地方を問わず、鑑賞することができる」[56]。またバンテインも次のように言う。「つまり、植物を保護するための〝家〟を造るのだ。これは、我々人間が厳しい環境下でも快適に生き抜くために、いかに自分たちに合った特殊な場所を構築していくか、というテーマを投影している」[57]

だが、第一に、一方的に本来の環境から切り離され鑑賞されるモノと、自ら環境を破壊した挙句になお快適さを求め自己のみで安全に完全に閉じた世界を構築しようとする人間とが同じ次元にあるはずがない。この傲慢さは、すべてをコントロール可能性の地平からしか判断していないことから生じている。そして第二に、進化論的時間とエンジニアリングの時間はまったく異なっている。要するにこれは、存在論的ノイズがその存在に降り積もるのに必要な時間と、除去可能性ノイズを工学的に除去するのに必要な時間の差である。

同じく木を素材にしたバイオアートとして、福原志保とゲオルク・トレメルによる、木のDNAに死者のDNAを埋めこむという作品《Biopresence》がある。死者を悼み想い起すことになぜこのような表現をしなければならなかったのかについて、福原は「ギャラリーに閉じ込められたアートではなく、都心の広場にドーンとこの木が植えられればいいのにな、と願っています。問いに対する答えは一個ではありませんから、このプロジェクトをきっかけに、とにかく皆さんが議論してもらえればうれしいです。DNAを埋め込んだ木をつくることがゴールではなく、そこから皆さんに話し合ってもらえるプラットフォームでありたい」[58]と無責任に述べるに過ぎない。

芸術が何らかの解答を提示する必要があるわけではないと擁護することは正しい。福原自身、《Biopresence》についての記事[59]のなかで「デザインというものが問題解決ではなく、問題提起するものだということを示唆している」と主張している。だが問題は、この作品には技術をコントロールできることに疑いを持たない人間の観点しかなく、DNAを埋めこまれる木に対する畏敬の念がどこにあるのかがまったく不明だということだ。そうである以上、これが真の意味でプラットフォームたり得るのか、本質的な意味で問題提起にさえなっていないのではないかという疑問を、私たちは持たざるを得ない。だから例によって福原の技術観は、「遺伝子は人そのものではないことや、遺伝子組み換えの技術自体が悪いわけではないこと、ポエティックな活用のされ方もあることを示したかった」[60]という、これまで繰り返されてきた技術の価値中立説から一歩も出ることはない。つまるところこれらが意味しているのは、この「作品」がアートの域に達していないということだ。いや、もしかすると、既に芸術は早期警報装置であることを止めてしまったのだろうか。「芸術は、世界に関する、病状が悪化した幻想であり、双曲線状に歪んだ鏡であって、無関心状態を運命づけられた世界では、芸術はこの状態に芸術自体をつけ加えることしかできない」[61]。ジャン・ボードリヤールは既に二十数年も前に芸術の置かれた状況を喝破していた。

しかし、まったく異なる観点に立つ作品もある。本書の冒頭で見たマーク・ディオンの作品《Neukom Vivarium》は、本書の問題意識と密接にリンクしている。ベンヤミンに対する不出来な批評に過ぎない東の作品と対極にある《Neukom Vivarium》は、存在することを技術によりコントロールしようとすることの究極的な不可能性を表現し得ている。「我々は失敗を築いている」[62]と言うディオンにとって、この木は memento mori[63] の象徴でもある。だが同時に、ここでアメリカツガは新たな全体性と貫通を獲得するだろう。第一にそれは、このプロジェクトのなかに位置づけられることにより、そしてこのプロジェクト自体が社会のなかで位置づけられることにより新たに与えられる全体性であり貫通だ。そして何よりも第二に、厳密に管理されたそれには、なお苔が生し、さまざまな昆虫や微生物の住処となることを通して、ゆっくりと存在論的ノイズをその身に降り積もらせていくだろう。

ピカートによるラジオの例を思い出してみよう。いま私たちがラジオに対して懐かしさを感じるとすれば、それが示しているのは、デジタル技術にさえ――むろん、ラジオ自体はデジタル化以前からあったのだが――存在論的ノイズが降り積もる可能性があるということだ。だから問題は個々の技術にあるのではなく、除去可能性ノイズによってしか存在することに耐えられない私たち自身の人間観の変容だ。存在論的ノイズはこの私に解析もコントロールも不可能な陰影を与え、取り返しのつかない絶対的固有性を刻みこんでいく。それは救いでも希望でもなく、そのような変容を既に受けたポストヒューマンとしての私たちにとっては耐えがたい重荷であり、恐怖であり、病理でしかないのかもしれない。それでもなお、存在論的ノイズは幽かな音を立てながら、私たちの人間観、世界観の外で降り積もり続けている。全体から引き剥がされ移植されたアメリカツガは人工的な環境の中で死を迎える。だがやがてそこには新たな昆虫、新たな菌類が現れ、独自の生と死のサイクルを生み出していくだろう。そしてそれはいつか、単純なサイクルではなく、死を踏み台とし続けながらどこかへと伸びていく、歴史の総体としてのらせんを描き始めるだろう。

けれども、ポストヒューマンである私たちに、果たしてそれはまだ本当に可能なのだろうか。

映像の持つ力を「合理性以前の力」[64]と関連させ分析するケヴィン・ロビンスの論考は、既に二十年以上前のものではあるが、未だに古びていない。人間の自律性を目標とし続ける近代のプロジェクトは、技術と極めて親近性を持ったものであり、その本質が「「恐ろしい世界」や「身体内に潜む恐怖」から私たちを守ってくれる」[65]ところにあるという主張は、それだけであれば目新しいものではない。しかしその恐怖と技術への欲望が「さらに深いところでは、人間の実存条件そのもの（自然や人間の性格）に対する憤慨や憎悪の表現」[66]であると言うとき、彼は事実上、近代的人間モデルに対する根本的な批判に到達している。

ロビンスの議論は映像に焦点を当てたものであり、また仮想現実に重きを置きすぎている。しかし「近代の計画者や建築家たちは、「接触の都市」とでも呼べるものを消去し、その代わりに「ガラスの都市」、見えない建物と開かれた社会を作り上げた。その根本的な目的は透明性であり、都市を「超越的空間」にすることである」[67]という彼の指摘は、近代社会の持つ合理性と技術への指向性を端的に抉り出す。透明性が希求されるのは、主体としての私たちの自律性を保証するためには理解できないものを認めるわけにはいかないからである。私たちは、それがいかに存在論的に不可欠のものであったとしても、除去可能性ノイズとして消し去ろうと願うことを止められない。その先にあるのは、超越的空間に暮らす超越的なこの私、つまり世俗的な神である。(68)「問題は、変化する映像文化への理解が、過度に合理的で、想像を閉ざしているものであるので、それに抵抗しなくてはならない、ということだ。映像を意味付け、映像を利用する、別の意味ある文脈を見つけ出す必要がある。〔……〕目指しているのは、合理性に還元されない意味と行動とを世界に再び取り戻すことである」(69)。そのために彼の議論において決定的な意義を持つのが、死である。「合理的な（自然や人間性に対する）管理と支配を通じて、合理主義と実証主義、「その究極の産物」は、死の恐怖の源泉を取り除こうとしてきた。デジタルテクノロジーや言説は、この合理的な征服というプロジェクトと一体のものと考えることができるだろう」(70)。彼の言うように、デジタル化された映像はその永続性において容易に死を凍結することができるし、彼が執筆していた当時には存在しなかったデジタル映像やライフログなどの技術は、まさに死者を甦らせることさえできる。(71)そこでは感情や恐怖、そして死は映像から浄化される。存在論的ノイズから除去可能性ノイズへの転倒は、近代というプロジェクトの集大成であるかのように完遂されていくだろう。

未だに根強い支持を集める言説として、グローバルなインターネット空間が新たな――そしてここにはたいてい自由な、とか平等な、といった属性が暗黙に前提されているのだが——共同性やコミュニティを生み出す、というものがある。失われた「社会的共通性《ソーシャル・コモンズ》の感覚が電脳空間で回復する」[72]というハワード・ラインゴールドのコミュニティ観がしょせんは「「透明な社会」というルソーの夢想の電子版にすぎない」[73]とするロビンスの指摘は、インターネットが登場した当初から繰り返されてきた批判の一バージョンでしかないのかもしれない。それでも、このようなユートピア的熱狂に対して「それが現在の人間にとって何を意味し、将来何を期待できるのかに関係する他の問題群を隠蔽」しており、「民族紛争、蘇るナショナリズム、都市の断片化《フラグメンテーション》といった、同時代の社会的政治的紛争と仮想空間とは無関係のように、別世界であるかのように語られる。〔……〕新世界の混乱や混沌といった文脈の中で、電脳空間の姿を構想してもらいたい」[74]と言うロビンスは、技術が与えてくれるかのように見えるこの新たな空間も、苦しみや恐怖といったものにおいて連続しているのだということを理解している。

だが、仮想空間が個人を社会（共同体）へ単純に接続することができないという彼の主張が正しいのと同様に、恐怖——それは彼の議論において、何よりもまず徹底して個の実存に関わるはずのものだ——をその源泉に据えながら、たとえ合理的理性とは別であるとしても普遍化可能な理性によって社会や共同体の次元を語り出す点において、ロビンスはラインゴールドと同じ轍を踏んでいる。「「ヴァーチャル技術」とこの「コミュニティ的精神」との間に特有の類似性があることまで見ることができよう。〔……〕コミュニティの理想化は、主体間の差異（あるいは基礎的な非調和）の否認へとつながる」[75]という彼の議論の本質的な問題は、恐怖によって決定づけられた人間観を貫徹できないままに社会的次元への接続を試みようとしている点にあり、それがおそらく無自覚なものであるところに、ロビンスもまた近代的人間モデルの枠組に囚われていることが露わになっている。

だから彼は「「物質的な利害の一致」や、コンセンサスや、満場一致など、幻想に過ぎない」と言いながらも、シャンタル・ムフを参照しつつ「社会生活において対立がもっている役割を認め、「政治的立場のぶつかり合いや、利害のオープンな対立こそが、健全な民主的プロセスの一環である」と認識すべきなのだ。ムッフェ〔ムフ〕が「競技的多元主義」と呼ぶ事柄を維持するために、差異や対立を調整できるような政治的枠組みが重要なのである」(76)と、ある意味上品でまっとうな意見に落ち着いてしまう。

むろん、現実世界においてそれが実現できていない――そしてその見込みのなさはますます避けがたい事実となっている――からといって、これらの主張が単純に否定されるべきではない。本書がここまで重ねて、他者が恐怖と苦痛をもたらすものだと主張してきたのは、自由や相互理解、そして平和を望み、積み重ねられてきた無数の努力を否定し侮蔑し嘲笑するためでは決してない。そうではなく、その果てしない闘争の背後にある動因、そこで掲げられた理念からほど遠いものとしての狂気にも似た執着、それを可能にしている人間の存在原理を、まず私たちは明らかにしなければならないと考えるためである。そうでなければ私たちの、いかなる意味、いかなる次元における共同の問いも、真に力を持つことはないだろう。だからこそ、私たちはその最後まで、私たちの根源に刻みこまれた恐怖と苦痛、そして死に対する眼差しを失ってはならない。

メディアアートについての古典であるレフ・マノヴィッチの『ニューメディアの言語』[77]は、時代的な限界や彼自身の経歴もあり、あまりに仮想現実に重きを置きすぎているため、本書の立場からすると同意できない点も多々ある。ただ、仮想空間に関する議論には興味深いものがある。マノヴィッチによれば、仮想空間内ではそこに存在するものがオブジェクトとして互いに独立し、またそれが位置する仮想空間からも独立している。それらはただそこに集積しているだけであり、「ナラティブは項目リストに置き換えられ、首尾一貫した3Dシーンはばらばらなオブジェクト群のリストになる」[78]。だが同時にそれらは「一元論的な存在論と本来的に関わり合って」もいる。なぜなら仮想空間においては、空間それ自体も含め「あらゆるものもまた、同じ素材——表面のレベルではピクセル、3D表象のレベルではポリゴンやボクセル——から作られている」[79]からである。これはいまとなってはありきたりの主張のようにも思えるが、しかし仮想空間内では全体性が生じにくいこと、そして同時に均質性によってある種の普遍化が実現していることを分かりやすく描いている。[80]それをいま私たちがまさに生きようとしている、IoTやAR（私たちがふだん目にしている物理的な世界に情報を重ねて映すことにより現実を拡張する技術）といった技術によりあらゆる存在がネットワークで一元的に結ばれた空間に適用するとどうなるだろうか。確かに、それはまだ稚拙な段階にある技術に過ぎない。それでも、私たちはこの現実そのものの変容を体験している最初の世代だ。すべてがネットワークにより接続されているとしても、それがデジタル化されたものでしかないのなら、それらはみな全体性を持たない点に過ぎず、したがってそれぞれが空間内で孤立し無関係に浮遊しているに過ぎない。そしてにもかかわらずそれらがすべてデジタル化により一元化されていることにより、この世界は一様かつ孤立しているという、異様な様相を帯びていくことになる。

自らをデジタル化された生命観によって変容させつつある人間存在がこのようなデジタルスティグマジーのなかで生きるとき、私たちはもはやこの私の始原に在る不明な他者を認めることができない。それは透明で完全な自己という本質を覆い隠すノイズに過ぎないし、たかだか除去し得るものでしかない。しかし他者は相変わらず現実に在り続け、それゆえ、除去可能性は常に可能性でしかなく、本来の自己なるものへ向かって私たちは盲進し続ける。それが病理に向かう隘路でしかないのなら、私たちは別の原理に基づいた人間像を描くよう試みなければならない。この新たな人間像の中心にあるものが他者原理であり、それは、生物学的な次元にまで根ざした基盤でありつつ、そのことを認識し得る人間にのみ負わされた特有の存在様式でもある。

デジタル技術にも存在論的ノイズは降り積もる。古いテクノロジーを眺めるとき、私たちはそれを実感する。だがそれ以上の速度で、デジタル化はあらゆるノイズを除去可能性ノイズにしていく。存在論的ノイズが物理単位としての秒に比例してしか増加し得ないのであれば、そこに救いはない。そしてもしこの世界に論理的かつ機能的に分析可能なものしか存在しないのであれば、そこでは永遠の時間も一秒と同じに過ぎないだろう。しかしそうではない。私たちは一次周波数標準機により計測される一秒の間を、伸縮する固有の主観的時間とともに生きてもいる。

改めて、技術は人間存在の根源に結びつけられ不可分なものであるという、人間存在の原理に立ち戻らなければならない。技術も、デジタル化も止めることはできないし、除去可能性ノイズはコントロールが可能であるかのような幻想を人間に与える。だが、除去可能性ノイズは、決して存在論的ノイズと排他的なものではない。除去可能性ノイズの典型的テクノロジーであったラジオが、固有の歴史や記憶をその身に降り積もらせることができたように。(81)

だから、私たちはメディオームに、すなわち人間存在に、この世界に、この場そのものに、客観的な計測尺度としての時間を超えて存在論的ノイズを降り積もらせるしかないのだ。(82) そしてそれは、全体性を帯びてこの私を貫通するあらゆる他者の持つ迫真性を、それがいかに幽かであろうと否定せず、耳を澄ませ続けることによってのみ始めることができるだろう。

きみと私の間に立ち現れる場の密度を高めること。人間には、メディアには、それができる。そして私たちが人間で在り続けたいと願うのであれば、私たちはメディアを生き残らせる必要がある。だから私たちは、死を忘れない《memento mori》ままに、ポストヒューマニティの時代を生きる私たちの歩みを一歩一歩進めていくことにしよう。

おわりに

それで、きみは神になりたいのか?

MEDIOME:
MEDIA+OME

メディアの歴史は、他者への欲望と技術への欲望のなかで生成／変化／消滅を繰り返す、その全体のうねりとして在り続けてきた。一般的に私たちが現代メディア技術批判を行なう際にその根拠とするような複製可能性や他者の仮想化そのものは、ここまで見てきたように、決して現代メディア技術に固有のものではない。それは人間存在の始原から技術に負わされてきた業なのだ。

しかしそれは単純に直線的な歴史だったわけではない。いま私たちが目にしている、過去から引き継がれてきたかのように思える技術の多くは、デジタル化という特異点を通してこのわずか数十年の間に現れた、デジタル化以前の技術が収斂したものである。しかしその収斂は、常に連続して在り続けてきたメディア技術の持つ指向性を間接的に示してもいる。

だからこそ、ここで真に問わなければならないのは、アウラが（その是非はともかく）極めて存在しにくい社会においてさえも、私たちが3Dプリンタによって私たちの顔をコピーしようとすることに潜む真の動機なのだ。いつでも繰り返し手にすることができるものに対して、私たちは関係を持つ必要を感じないし、そもそも関係を持つこともできない。私たちが手にしているのはABSやPLA（いずれも3Dプリンタの素材となる樹脂のこと）を原料として成型されたモノでしかなく、しかしそれは巨大な時空の全体をともなった他者の貫通を可能にするモノでもある。その差異に鋭敏にならなければ、私たちは真の意味での他者を――そして自分自身をも――ついに見失うことになるだろう。「アマガエルの中より、携帯電話の中により神を見る」[1]というケヴィン・ケリーの主張は技術の進展をあまりに牧歌的に理解している。私が出会う他者は、単純な希望などではなくむしろ痛みを、表層的で無意義な自由ではなく根源的責任をこそ問うてくる他者であるということへの覚悟がないのであれば、結局のところ、私たちは神にでもなるより他はない。そして実際、彼の議論においては、人間は自らが神の似姿として造られたように「テクノロジーに対して神という立場で接し」なければならず、「いかにして良い神になるかを学」ばなければならない。[2]

　他者原理なくして私が存在し得ない以上、私たちは神には決してなり得ないし、なる必要もない。そしてどのみち、私たちがなれるのは、たかだか世俗的な神に過ぎない。そこでは無限のモノに囲まれ永遠に存在できるかのように思えるし、もしかすると生物学的な死を全うするまでその幻想を見続けられるかもしれない。しかしその場において、私は決して在ることはできない。

デジタル化は他者への欲望を永遠への欲望に、そして技術への欲望を無限への欲望に変質させる。他者への欲望が他者への希求と怖れを、そして技術への欲望が他者との交感と他者の支配を同時に内包していたのに対して、永遠と無限への欲望にはいかなるずれもない。私たちには他者に由来する苦痛も制約もなく、真空をごこまでも直線運動していくだろう。それが自由だとするのなら、そのとき、確かに人間存在は永遠かつ無限に自由になっている。

だが、それは本当に永遠かつ無限なのだろうか。そして受苦する人間として刹那の時間と有限の空間をしか生きられないこの私にとって、それは本当に刹那と有限に過ぎないのだろうか。

科学と技術の中心的目的は客観的、物理的な世界を理解しかつ制御することである。〔……〕そのような世界においては、サイバネティックス的不死は「より多くの時間」となり得るだけである。物理的宇宙の限界ということを考えれば、それは終わりのない時間ではなく、またわれわれはそれがそうあって欲しいと望むだろうと私は推定することもできない。〔……〕地上の命は天国でも地獄でもない。それは、大きな苦難が大きな喜びと並んで存在する中間の領域である。*Alle Menschen müssen sterben.* 全ての人は死なねばならない。命は、そのようでなければ、その味

わいを失うだろう。(3)

かつて私たちは粘土板に他者へのメッセージを刻みこみ、あるいは他者を、あるいは自己自身を刻みこもうとしてきた。しかしそれが何千年もの時を経て現代にまで残されてきたのは、決して、粘土板それ自体の頑強さゆえではない。それが置かれた場の全体、すなわちメディオームの強度によるのだ。デジタルデータは物理的実体をともなわないがゆえに永遠であると無邪気にも信じられている一方で、私たちはその具体的メディアであるHDDやSSDがあまりに脆弱で信頼できないことを経験的に把握している。永遠の記録を欲望する私たちが最終的に生み出したのが、楔形文字を刻んでいた粘土板や石碑の収斂である、石英ガラスストレージへのパルスレーザーによるドットの刻印(4)であることは皮肉でさえある。このことは現代技術を用いてコンクリートに記録を刻みこむローレンツ・ポットハスト

図6　ローレンツ・ポットハスト
《Communication with the Future – The Petroglyphomat》
bachelor thesis, integrated design, university of the arts bremen. 2014.
出典：http://www.lorenzpotthast.de/petroglyphomat/

によるメディアアート作品《Communication with the Future – The Petroglyphomat》[5]を見ればより明白となるだろう［図6］。ポットハストはデジタル制御されたフライスにより、ビルの外壁にeメールのアイコンを刻みこむ。彼の作品は、もはや記録がパロディでしかないことを如実に示している。それでもやはり、そこにある祈り、あるいは狂気にも似た他者への希求を、私たちは見逃すべきではない。

しかしいずれにせよ、それらが技術単独で考えられている限り、それはたかだか有限の時間を保証するだけの記録に過ぎない。その有限の時間を永遠と見なすことに隠された錯誤に、私たちはそろそろ気づくべきだ。市原えつこによる作品《デジタルシャーマン・プロジェクト》[6]では、ロボットに3Dプリンタで出力した故人の生前の顔を装着し、生前の声を語らせる。そしてそのプログラムは四十九日経つと自動的に消去される。時間に対するこの無神経さは、デジタル化を所与のものとするとき、死の絶対的な取り返しのつかなさとプログラム消去とを等値とし、何の疑問も持たない。私たちはデジタル化された記憶に対して、「忘れられる権利」[7]を主張する。だが記憶はそもそも意のままにならない他者に絶対的に拠っており、いかなる命令も管理も及ばない。忘れられる権利を遵守する義務を負うものがcontroller[8]と呼ばれるのは象徴的である。管理によって記憶が残り得るのはたかだか技術によって可能な限りでの期間に過ぎないし、管理によって忘却され得るのもたかだか技術によって可能な限りでの領域に過ぎない。けれどもそれは、デジタル化された人間観において、確かに記憶であり忘却ではあるのだろう。

だが、私たちは別の言い方をすることもできる。単独としての技術は——そのようなものが在り得るとしてだが——幾らそれが最新の科学技術の粋を極めたものであったとしても、せいぜい土塊と同じ程度の強度しか持たない。しかしそれは、全体性と貫通により縫い留められたとき、生物学的な生を超え、かつて出会ったこともない他者と私をどうしようもなく通じ合わせる土塊にもなり得るのである。

改めて、マックス・ピカートの雑音語について考えてみよう。一九六三年に没したマックス・ピカートの生前には、当然、SNSなど存在しなかった。彼が騒音語を生み出す象徴的な例として挙げていたのはラジオである。[9] だが、いま私たちは、ラジオを騒音語の発生源と見なしているだろうか。

ラジオの発する音の大半はいまでもその通りかもしれない。しかし同時に、そうではない音もまた、確かにある。例えばきみの父が生前に使っていた古いラジオを、あるときみが押入れの奥に見つける。電池を取り換え、スイッチを入れると、ざらざらした雑音の向こうから、父が好きだったアナウンサーが相も変わらぬ調子で午後のニュースを喋っているのが聴こえてくる。きみはそれを聴きながら、父と過ごした日々に想いをはせる。その情景の全体には、父ときみとの間を結ぶ絶対的な固有性がある。騒音語の発生源であったラジオがその固有性を可能にしたのはなぜか。それはおそらく、ラジオという概念そのものの老化を経て、あるいはそのラジオが父ときみとの固有の歴史を投射されて、そこにそれ自体の歴史を帯びるようになったためだ。トム・スタンデージが電信について語っているように[10]、あるいはキャロリン・マーヴィンが電話について詳細に論じているように[11]、かつてそれら最新のメディア技術は、現代におけるインターネットと同様、共同体を破壊する可能性を持つものとして恐れられていた。だが、いま博物館かどこかで電鍵を目にして、あるいは黒電話を目にして、そのような恐れを抱く者がいるだろうか。それは決してノスタルジーなどではなく、何かがいかに素早く現れたとしても、やがていつかは後からやってきた歴史が追いつくことになるという、単純な事実を意味している。

むろん、だからといって、私たちはただ時間の経過を待てばよいということではない。永遠と無限の幻想を私たちに与え、永遠と無限に対する私たちの欲望を加速させるデジタル化は、私たちから歴史性そのものを失わせるだろう。だがそこで与えられる永遠と無限には、救済ではなく、底なしの飢餓だけが満ちている。

テクノロジー自体は避けようもなく進展していく。反技術主義はユートピア言説以上のものにはなり得ないし、技術の進歩をいかにコントロールするかということにも本質的な意味はない。デジタル化の時代を生きるポストヒューマンとしての私たちは、メディア技術の連続と断絶について、常に思い起こさなければならない。

人間存在の根源に刻まれた欲望の二重らせん構造が必然としてメディア技術のデジタ

ル化を生み出したのだとすれば、そこで引き起こされた永遠と無限への欲望の変質もまた、必然として受け入れるべきなのだろうか。そうではない。その根拠はただ端的に、私たちの存在の原理が畏怖すべき他者とともにしか在り得ないという絶対的事実に拠っている。そこではコントロール不可能なまま拡大し続けるメディア技術が際限もなく魔としての他者を呼び寄せ続ける。理性に基づいたグローバルなアソシエーションにではなく理性以前の混沌にこそ、高度メディア技術に満たされた現代社会における存在の様態が現れている。それによってのみ私たちは二重らせんの破断の圧に耐え、他者と共に生きるということに生々しいリアリティを与えられる。同時にそれはこの私が存在するということへの恐怖と苦痛に満ちた確信も与えるだろう。だが、破断を受け入れデジタルスティグマジーのなかで孤絶した神として永遠の幻想を生きたところで、そこには非在への不安しかない。私たちはいったいどちらのデジタル化以降の人間《ポストヒューマン》であることを選ぶのだろうか。

だが少なくとも言えることはある。おそらく私たちは、永遠と無限という言葉を、技術主義的地平から理解するべきではないのだ。メディアの歴史において、私はそれ自体として一つのメディアであり、ある他者と別の他者をつないでいる。そして同時に私は、メディアとしての他者により別の他者とつなげられている。それが歴史の総体であり、それがメディオームである。吐き散らされる騒音語のなかであらゆる固有性が平坦化していくこの世界において、私たちはなお、メディアのなかに響く、無数の、絶対的固有性を帯びたノイズに耳を澄ませ続けなければならない。そのざらついた残響を唯一の頼りとして無限の折り重なりを辿ることにより、メディアは私を永遠の彼方へと導いてくれるだろう。そこにこそ、私たちがまだ語る言葉を持たない生の姿が現れている。

注

はじめに　アメリカツガとポストヒューマン

（1）R・カーツワイル『ポスト・ヒューマン誕生――コンピューターが人類の知性を超えるとき』井上健監訳、小野木明恵、野中香方子、福田実訳、NHK出版、二〇〇七年。

（2）W・マイヤーズ『バイオアート――バイオテクノロジーは未来を救うのか。』久保田晃弘監修、岩井木綿子、上原昌子訳、BNN、二〇一六年、一八五頁。

（3）G・ガンパート『メディアの時代』石丸正、新潮選書、一九九〇年、二六五頁。

（4）B・スティグレール『偶有《アクシデント》からの哲学――技術と記憶と意識の話』浅井幸夫訳、新評論、二〇〇九年、一七－二三頁。

第一章　閉じていく世界

（1）ここでの議論は主にバトラー（J・バトラー『自分自身を説明すること――倫理的暴力の批判』佐藤嘉幸、清水知子訳、月曜社、二〇〇八年）から着想を得ている。

（2）呼びかけが持つ暴力性とは、前存在論的な場において未だ私ならざる私に対して避けようもなく為される存在論的原理であり、常に既に後になって現れるこの私のみが、それが為されたことを常に既に後になってから知ることができる（少なくともその可能性を持つ）。他方、通常の意味での暴力は主体間で為し為され、かつそれをその時点において双方が知ることのできる、相互的な次元の行為である。

(3) E・レヴィナス『存在の彼方へ』合田正人訳、講談社学術文庫、二〇〇八年、二五八頁。
(4) 同書、二八六頁。
(5) 同書、二八二頁。
(6) 同書、二三七頁。
(7) J－L・ナンシー『複数にして単数の存在』加藤恵介訳、松籟社、二〇〇五年、七三頁。
(8) 同書、七八頁。
(9) 同書、一二八頁。
(10) ナンシーは、最終的にコミュニケーションという語は支持できない(ナンシー『無為の共同体──哲学を問い直す分有の思考』西谷修、安原伸一郎訳、以文社、二〇〇七年)としつつも「私がなおそれを放棄せずにいるのは、この語が「共同体」という語と響き合っている」(同書、三七頁)からだと言う。
(11) 人間だけに限らない他者たちとの倫理に関する研究としては、エドゥアルド(K・エドゥアルド『森は考える──人間的なるものを超えた人類学』奥野克巳、近藤宏監訳、近藤祉秋、二文字屋脩訳、亜紀書房、二〇一六年)、あるいは保苅(保苅実『ラディカル・オーラル・ヒストリー──オーストラリア先住民アボリジニの歴史実践』岩波書店、二〇一八年)などがある。本書は現代メディア社会における人間存在や共同性の分析を目的としているが、その世界観は、技術の道徳化を分析する後述のフェルベークよりもエドゥアルドや保苅に近い。エドゥアルドと保苅がともに倫理が直接的に立ち現れる場、それ自体を語っているのと同様に、本書もまた単純な生態系中心主義に立つものではない。むしろ他者原理によって、他者からの超越的呼びかけを通して起動され、避けがたく私になっていたことを認識し得るのは自我主体としてのこの私でしかないという点において、それは例えば石が風や水によって風化作用を受け変化生成していくのと異なるのは明らかであり、その根源的暴力への避けがたい受苦の在り方は、ただ私によってのみ可能な行為である。では、これは極端な人間中心主義なのだろうか。そうではない。強固に思える自我の最深奥において私たちは、私が私であるためにあらゆる存在を含む他者が在ることを見出す。それが他者原理であり、それゆえ本書は、人間中心主義と非人間中心主義との対立という環境倫理学において繰り返されてきた議論は、本質的問題ではまったくないと考える。

(12) 例えばバディウによる次のような主張を参照。「無限の他性とは、端的には、あるということ ce qu'il y aなのだ。いかなる経験であれ、無限の差異の無限に配備されている。私自身についての反省であるかに見える経験でさえ、ある統一の許でなされる直観といったものではなく、さまざまな差異化の迷宮であり、それゆえ「私はひとつの他者である」と宣言するランボーは間違ってはいないのだ。例えば、中国人の農夫とノルウェイ人の若い将校とのあいだには、私自身および私自身を含めた誰でもよい誰かとのあいだにあるのと同じだけの差異があるのだ。同じだけの、だがしたがってまた、それ以上でも以下でもない、差異が」(A・バディウ『倫理――〈悪〉の意識についての試論』長原豊、松本潤一郎訳、河出書房新社、二〇〇四年、四八頁)。

(13) M・ハイデガー『形而上学入門　付・シュピーゲル対談』川原栄峰訳、平凡社ライブラリー、一九九六年、三八六頁。

(14) P=P・フェルベーク『技術の道徳化――事物の道徳性を理解し設計する』鈴木俊洋訳、法政大学出版局、二〇一五年を参照。

(15) 同書、二六五頁。

(16) 同書、二六六-二七一頁。フェルベークは単純に公共圏的枠組みを肯定しているのではなく、アリストテレスにおける徳倫理のフーコー的読解を参照しつつ、自らの倫理的立場を「非近代主義的」なものだと言明している。にもかかわらず「善い生についての実り多い議論をするための公共空間」に期待をかけるフェルベークの人間観は、この点において近代的人間観を脱していない。

(17) 例えばメディアアーティストであり研究者でもある落合(落合陽一『魔法の世紀』PLANETS、二〇一五年)には、技術への(技術主義の地平を超えた)批判的視点が驚くほど根本的に欠落している。したがって彼の議論における「魔法」や「デジタルネイチャー」といった言葉は基本的に肯定的な意味を与えられている。本書ではむしろ、もし技術が社会に再び「魔法」をもたらすのであれば、それはその向こうに在る他者に対する徹底した畏怖を通してこそ現れるものだと考える。

(18) 新共同訳聖書、創世記一-二章。ただし本文批評的には創世記一章と二章は異なる起源を持つ。したがって厳密には「支配」(一章二六節)と「名を付け」(二章二〇節)ることとを単純に結びつけて解釈するべきではない。
(19) 新共同訳聖書、出エジプト記三章一三-一四節。
(20) 正常な反応とは望ましい反応を意味していないし、まして倫理的な正しさを意味しているのでもない。それはあくまで、熱いものに触れたときの反射運動と同じ次元で正常だということでしかない。しかし現に避けようもなく熱いものに触れてしまっているときに「熱いものに触れるべきではない」と責めること、あるいは熱いものに触れても何の反応も示さないことに比べれば、遙かに正常だと言えるだろう。
(21) M・マクルーハン『メディア論――人間の拡張の諸相』栗原裕、河本仲聖訳、みすず書房、一九九四年。
(22) W・ベンヤミン『複製技術時代の芸術』佐々木基一編、高木久雄他訳、晶文社、二〇〇七年、一六頁。
(23) フィンランドの事例についてはM・マドセン『一〇〇、〇〇〇年後の安全』(アップリンク、二〇一一年)、またフランスの事例についてはE・ゲレ『放射性廃棄物――終わらない悪夢』(竹書房、二〇一一年)などのドキュメンタリーを参照。
(24) F・ドラマール、B・ギノー『色彩――色材の文化史』柏木博監修、ヘレンハルメ美穂訳、創元社、二〇一四年を参照。
(25) これらの技術を野放図に利用することに本書が賛成しているということではむろんない。幼少期からデジタルデバイスを与えられることが人間の育成に与える影響について私たちは無責任であってはならないし、また成人にとっても携帯電話やスマートフォンが危険なものとなり得ることについてはリヒテル(M・リヒテル『神経ハイジャック――もしも「注意力」が奪われたら』三木俊哉訳、英治出版、二〇一六年)によるルポルタージュがよく示している。ただしコントロールの次元における対症療法は、必要ではあるにしても人間論における本質的問いではないし、またコントロール可能であるという認識はむしろ事態の悪化を招く原因ですらあるというのが本書の立場である。
(26) マクルーハン『グーテンベルクの銀河系――活字人間の形成』森常治訳、みすず書房、二〇一五年、五二頁。

（27） J・ボードリヤール『象徴交換と死』今村仁司、塚原史訳、ちくま学芸文庫、二〇〇九年a、一三二頁。
（28） 同書、一三〇頁。
（29） 同書、一七五頁。
（30） ベンヤミン前掲書、一九頁。
（31） 熱意、研究、衝動、嗜好、愛着、慰めなどさまざまな意味を表すラテン語。バルトは写真が持つストゥディウムの機能として、「知らせること、表象＝再現すること、不意にとらえること、意味すること、欲望をかきたてること」を挙げている（R・バルト『明るい部屋——写真についての覚書』花輪光訳、みすず書房、二〇一一年、四一頁）。
（32） 「刺し傷、小さな穴、小さな斑点、小さな裂け目」などさまざまな意味を表すラテン語（同書、三九頁）。
（33） 同書、三一頁。
（34） 同書においては「共同自然的」と訳されているが、ここでは同書の優れた注解である荒金直人『写真の存在論——ロラン・バルト『明るい部屋』の思想』（慶應義塾大学出版会、二〇〇九年）による訳である「相互本来的」を採る。
（35） 同書、九四頁。ただしバルトは絵画や言説に対する写真の特異的な本性としてこれを語っているが、この点について本書は異なる立場をとる。
（36） ボードリヤール『なぜ、すべてがすでに消滅しなかったのか』塚原史訳、筑摩書房、二〇〇九年b、二九－三〇頁。
（37） ヴァーチャル・リアリティ（VR：Virtual Reality）はヘッドマウントディスプレイ（HDM：Head Mount Display）やデータグローブを装着した利用者が、コンピュータ・グラフィクスなどにより描かれたこの現実とは異なる空間の中に身を置き、その空間内の物体と相互作用できるような技術を指す。サザランドによる《The Sword of Damocles》（一九六八年）や、ラニアーによる《RB2》（一九八九年）に端を発し、航空、医療分野におけるシミュレーションやゲームにおいて実用化されている。VRは仮想現実と訳されるが、virtual(ラテン語virtusが語源)は本来「形式的には異なるが実質的にはそうである」ことを意味しており、この訳語が適切かどうかには議論の余地がある。またヴァーチャルにはデジタル以前の長い歴史があり、VRの本質的な固有性はそれらを踏まえて分析される必要がある。フリードバーグは近世ヨーロッパにおける光学史を参照しつつ、ヴァーチャルにはシミュラークルとミメーシスの双方の意味が含まれていることを示している(A・フリードバーグ『ヴァーチャル・ウィンドウ――アルベルティからマイクロソフトまで』井原慶一郎、宗洋訳、産業図書、二〇一二年)。

(38) G・D＝ユベルマン『イメージ、それでもなお――アウシュビッツからもぎ取られた四枚の写真』橋本一経訳、平凡社、二〇一六年、二三一―二五頁を参照。ここでは特に四葉目の写真を指している。

(39) 同書、三四頁。

(40) 新共同訳聖書、出エジプト記二〇章四―五節「あなたはいかなる像も造ってはならない。上は天にあり、下は地にあり、また地の下の水の中にある、いかなるものの形も造ってはならない。あなたはそれらに向かってひれ伏したり、それらに仕えたりしてはならない」。

(41) 水野千依『キリストの顔――イメージ人類学序説』筑摩書房、二〇一四年。

(42) 同書、四八頁。

(43) T・トドロフ『ルネサンス期フランドルの肖像画』岡田温司、大塚直子訳、白水社、二〇〇二年。

(44) 同書、二九頁。彼は愛情に寄与する機能を表した肖像画の例として、古代エジプト第十八王朝の王であったイクナートンが描かせた彼の娘たちの壁画《ネフェルレとネフェルネフェルレ》も挙げている。

(45) 同書、五五頁。

(46) 新共同訳聖書、創世記一章三一節「神はお造りになったすべてのものを御覧になった。見よ、それは極めて良かった。夕べがあり、朝があった。第六の日である」。

(47) 現在の主流である、プログラム(命令)とデータとを区別せずに記憶装置に格納するコンピュータアーキテクチャ。最初期のものとして第二次大戦中アメリカで開発されたEDVAC(Electronic Discrete Variable Automatic Computer、一九五一年部分的な稼働開始)がよく知られており、私たちがソフトウェアと呼ぶものもこのときに誕生したと考えることができる。ただし最初にプログラム内蔵方式を実現したのはM・V・ウィルクスのEDSAC（Electronic Delay Storage Automatic Calculator、一九四九年に最初の計算を行なう）であり、またプログラム内蔵方式の主要なアイデアはJ・P・エッカートとJ・W・モークリーによるENIAC（Electronic Numerical Integrator And Computer、一九四六年に運転開始）開発時には既にその萌芽があったと言われている。しかしコンピュータの開発が第二次大戦中の軍事機密に関わるものであったこと、またEDVACに関する報告書"First Draft of a Report on the EDVAC"（一九四五年）がフォン・ノイマンにより執筆されたことなどから、現在ではこのアーキテクチャをノイマン型と呼ぶことが多い（以上は主にC・イームズ、R・イームズ『コンピュータ・パースペクティブ――計算機創造の軌跡』和田英一監訳、山本敦子訳、ちくま学芸文庫、二〇一一年を参照）。ノイマン型以外のアーキテクチャとしては、プログラムとデータで主記憶装置上のアドレス空間が異なるハーバード型アーキテクチャがある。また近年ではニューロコンピュータや量子コンピュータなど非ノイマン型に含まれるさまざまなアーキテクチャが登場している。

（48）G・ダイソン『チューリングの大聖堂――コンピュータの創造とデジタル世界の到来』吉田三知世訳、早川書房、二〇一三年。

（49）Alan M. Turing. "On Computable Numbers, with an Application to the Entscheidungsproblem". *Proceedings of the London Mathematical Society*. 2. 42. 1936. pp.230-265.

（50）J・ハーバーマス『人間の将来とバイオエシックス』三島憲一訳、法政大学出版局、二〇一二年を参照。

（51）Claude E. Shannon. "A Mathematical Theory of Communication". *The Bell System Technical Journal*. Vol. 27. 1948. pp.379–423.

（52）A・リンギス『何も共有していない者たちの共同体』野谷啓二訳、洛北出版、二〇〇七年、一一二頁。

（53）同書、一七三頁。

（54）同書、一五一－一五二頁。

（55）同書、一三八頁。

（56）リンギス『汝の敵を愛せ』中村裕子訳、洛北出版、二〇〇四年、六八頁。

(57) 同書、二五八頁。
(58) M・ピカート『沈黙の世界』佐野利勝訳、みすず書房、二〇一四年。
(59) 本来ユビキタスとは神の遍在を意味するが、この場合ユビキタスが表すのは一様で平坦なビット化された世界に過ぎず、そこにはいかなる畏怖もない。
(60) フリードバーグ前掲書を参照。
(61) 大山エンリコイサム「大山エンリコイサム×南後由和」『アーキテクチャとクラウド――情報による空間の変容』富井雄太郎編、millegraph、二〇一〇年、九八頁。
(62) 若林幹夫『〈時と場〉の変容――「サイバー都市」は存在するか?』NTT出版、二〇一〇年。
(63) 同書、一八二頁。
(64) 文化や伝統の持つ虚構性については小坂井(小坂井敏晶『民族という虚構』東京大学出版会、二〇〇二年)、ホブズボウム(E・ホブズボウム、T・レンジャー編『創られた伝統』前川啓治他訳、紀伊國屋書店、二〇〇三年)等を参照。
(65) 若林前掲書、七四頁。
(66) 同書、一八頁。
(67) 和田伸一郎『存在論的メディア論――ハイデガーとヴィリリオ』新曜社、二〇〇四年。
(68) 同書、二一頁。
(69) 同書、三五頁。
(70) 和田はその議論の中心をヴィリリオの再解釈にあてているが、彼がいかに擁護しようと、ヴィリリオが「隣人は、私のそばにいる人で、いっしょに都市を形成し都市の権利を守る人です。都市の外にいる人々は事実上、異邦人であり敵でした」(P・ヴィリリオ『電脳世界[明日への対話]――最悪のシナリオへの対応』本間邦雄訳、産業図書、一九九八年、四三頁)と主張し、インターネットによって実現された世界モデルを「メガ都市、それはバベルです……。そしてバベルとは、内戦なのです!」(同書、九一頁)とまで断言していることは否定しようがない。ヴィリリオには、グローバル化する現代社会において、遠くに居り、にもかかわらず私たちが豊かさを享受するための犠牲になっている誰か――それは私たちの生を支えているという意味において、隣人以上に隣人である――に対する倫理など到底問うべくもないだろうし、そうであるのなら、電子的メディアの是非自体、ヴィリリオにおいては初めから問いにならない。
(71) 和田前掲書、三一四頁。
(72) 同書、一三六頁。
(73) 同書、二一二―二一三頁。
(74) ボードリヤール二〇〇九年a前掲書、一七五頁。
(75) けれどもこの言葉自体が既に矛盾している。問題となっているのは代替不可能な固有性であるにもかかわらず、その実現の際に問われるのは計算可能な、すなわち代替可能な金銭的価値である。結局のところそれは、私たちの固有性をロングテールとして位置づけ、コストの計算をしているに過ぎない。
(76) 落合陽一『デジタルネイチャー――生態系を為す汎神化した計算機による侘と寂』PLANETS、二〇一八年、五四頁。
(77) 同書、八七頁。
(78) 同書、三六頁。
(79) 同書、二七―二八頁。
(80) 同書、三八頁。
(81) マクルーハン一九九四年前掲書、vi頁。
(82) K・ベイルズ『環境破壊と現代奴隷制――血塗られた大地に隠された真実』大和田英子訳、凱風社、二〇一七年、三〇―三一頁。
(83) 落合二〇一八年前掲書、一二頁。
(84) 同書、一二―一三頁。
(85) 西垣通「知をめぐる幼稚な妄想」『現代思想』vol.43-18、青土社、二〇一五年、八二―八七頁。
(86) ただしそういった思想的立場がまったくなかったわけではない。D・ヒリスによる名著『思考する機械コンピュータ』(倉骨彰訳、草思社、二〇〇〇年)は人間の思考を純粋にコンピューティングと同等の計算の次元から理解し、その上でその計算の中に驚異を見出そうとしている点において、本書とは対極にありつつも学ぶべき点がある。

(87) J・ブライドル『ニュー・ダーク・エイジ――テクノロジーと未来についての10の考察』久保田晃弘監訳、栗原百代訳、NTT出版、二〇一八年。

(88) S・カマジン他『生物にとって自己組織化とは何か――群れ形成のメカニズム』松本忠夫、三中信宏訳、海遊舎、二〇〇九年、五八頁。

第二章　世俗的な神

(1) ハーバーマス前掲書、二八頁。

(2) ここでは体細胞への遺伝子改変と生殖細胞への遺伝子改変を同一視している。生殖細胞の改変が後代の人類に対して永久的かつ予測不可能な変容を与えるということは、確かに世代間倫理や環境倫理的には大きな問題となるが、そもそも人間の生物学的身体を技術的にコントロール可能なものだと捉える点において、これらの技術に本質的差異はない。問題とすべきは、あくまで人間存在をコントロール可能だと理解する人間観の変化なのだ。

(3) 着床前診断について「子供は欲しいが、もしも胚が健康に関する特定の基準を満たしていない場合は、着床を放棄するとする両親の考量との葛藤となる。こうした葛藤に両親は予期せず突如として巻き込まれるわけではない」(同書、五四頁)というハーバーマスの主張は、フェルベークと比べ、私たちの生に浸透している現代科学技術に対する認識が旧態依然の技術観を超えないものになっている。

(4) 同書、三〇頁。

(5) 浅田彰『「歴史の終わり」を超えて』中公文庫、一九九九年、九七-九八頁。

(6) Puping Liang., *et al.* "CRISPR/Cas9-mediated gene editing in human tripronuclear zygotes". *Protein & Cell.* Volume 6(5). 2015. pp.363–372.を参照。また二〇一七年には米国を中心とした国際研究チームによっても人胚への遺伝子改変が成功したことが発表された。Hong Ma., *et al.* "Correction of a pathogenic gene mutation in human embryos". *Nature.* Volume 548(7668). 2017. pp.413–419.を参照。

（7） *Zhen Liu, et al.* "Cloning of Macaque Monkeys by Somatic Cell Nuclear Transfer". *Cell*. Volume 172(4). 2018. pp.881–887.を参照。

（8） ハーバーマス前掲書、四七頁。

（9） 同書、七二－七三頁。

（10） 同書、一〇八頁。

（11） 同書、六〇頁。

（12） 同書、六〇－六一頁。

（13） 同書、六一頁。

（14） 同書、七二頁。

（15） 例えば二〇一二年の米大統領選におけるビッグデータを用いた選挙予測など。「数理モデル予測が全50州で的中――政治専門家はもはや不要?」（https://jp.techcrunch.com/2012/11/08/20121107pundit-forecasts-all-wrong-silver-perfectly-right-is-punditry-dead/）を参照。

（16） "Artificial intelligence, immune to fear or favour, is helping to make China's foreign policy"（https://www.scmp.com/news/china/society/article/2157223/artificial-intelligence-immune-fear-or-favour-helping-make-chinas）などの例を参照。それらの技術によって支援あるいは決定される政策の正誤に対する批判はともかく、そのような政策決定の在り方自体に対する批判は、それらの技術の陳腐化によって早晩時代遅れのものとなるだろう。

（17） 大屋雄裕『自由か、さもなくば幸福か?――二一世紀の〈あり得べき社会〉を問う』筑摩書房、二〇一四年、二三三－二三四頁。

（18） 「グーグル、ついに中国で検閲に応じる?「巨大市場」の魅力に抗えないテック企業」（https://wired.jp/2018/08/12/google-ready-to-play-by-chinas-censorship/）を参照。

（19） 「Twitterや Facebookは、もはや政治的な「中立」ではあり得ない」（https://wired.jp/2018/08/06/silicon-valley-must-stop-feigning-neutrality/）参照。

（20） M・カステル『インターネットの銀河系――ネット時代のビジネスと社会』矢澤修次郎、小山花子訳、東信堂、二〇〇九年、一六二頁。
(21) 「大規模な調査がインターネットフィルタリングの無効性を実証、ポルノはフィルターで防げない」(https://jp.techcrunch.com/2018/07/14/2018-07-13-researchers-find-that-filters-dont-prevent-porn/) を参照。
(22) 「スパコンに発生する謎のエラー、その原因となる「宇宙線」との闘いが始まった」(https://wired.jp/2018/07/05/cosmic-ray-crash-supercomputers/) を参照。
(23) "London's top cop isn't expecting facial recog tech to result in 'lots of arrests'"(https://www.theregister.co.uk/2018/07/04/met_police_commish_im_not_expecting_facial_recognition_tech_to_result_in_lots_of_arrests/) を参照。
(24) 個人信用スコアについては「個人信用スコアの社会的意義」大屋雄裕、『情報通信政策研究』第二巻第二号、総務省、二〇一九年、I一五-二六頁を参照。
(25) S・ムフ『政治的なものについて――闘技的民主主義と多元主義的グローバル秩序の構築』酒井隆史監訳、篠原雅武訳、明石書店、二〇〇八年。
(26) J・キーン『デモクラシーの生と死(下)』森本醇訳、みすず書房、二〇一三年、二二六頁。
(27) 同書、二三〇頁。
(28) 同書、二七四頁。
(29) 同書、二八〇頁。
(30) "Measuring the Information Society Report Volume 1". International Telecommunication Union. 2017. p.44. および "Measuring the Information Society Report Volume 2". International Telecommunication Union. 2018. p.41. を参照。
(31) 例えば米国におけるドッド・フランク法の制定(二〇一〇年)など。同法一五〇二条 "CONFLICT MINERALS"では、タンタル、スズ、タングステンを使用する製造業者に対して、紛争鉱物の産地について調査/開示/報告する義務を定めている。これによってコンゴ民主共和国における違法な、あるいは非人道的な労働によって採掘された紛争鉱物は市場から排除されることになった。
(32) キーン前掲書、二二九頁。

(33) カステル前掲書、一五七頁。

(34) 同書、一五九頁。

(35) 同書、一五八頁。

(36) P・カンナ『「接続性」の地政学――グローバリズムの先にある世界(下)』尼丁千津子、木村高子訳、原書房、二〇一七年、二一八-二一九頁。

(37) 同書、一四四頁。

(38) P・W・シンガー『ロボット兵士の戦争』小林由香利訳、NHK出版、二〇一〇年、四六三頁。

(39) S・ソンタグ『他者への苦痛のまなざし』北條文緒訳、みすず書房、二〇一一年、四〇頁。

(40) G・シャマユー『ドローンの哲学――遠隔テクノロジーと〈無人化〉する戦争』渡名喜庸哲訳、明石書店、二〇一八年、一二一頁。なぜ有徳なのかと言えば、それは「私たち」の側の兵士が死ぬリスクを限りなくゼロに近づけることが可能だからに他ならない(むろん、ここでシャマユー自身がドローンによる爆撃を有徳と見なしているわけではない)。

(41) http://booktwo.org/notebook/dronestagram-drones-eye-view/を参照。《ドローンスタグラム》は、ドローンによって攻撃された場所の情報を収集し、その場所の航空写真をInstagramやTumblr、Twitterを利用して公開するメディアアートである。無人爆撃機による殺人がゲームのような仮想性を持つとして非難するのは容易だが、しかしそのとき、戦争(あるいは虐殺)自体に対する批判は背景に退いてしまい、またそのゲームによって殺される一人ひとりの絶対的に固有な他者という圧倒的な現実でさえ、仮想性批判のためのたかだか一要素でしかなくなってしまう。そのような言説こそが仮想なのだと本書は考える。《ドローンスタグラム》は、遠くの世界のできごととして知らずに済ませている私たちの眼前に仮想とされるメディアを通してドローンによる生々しい暴力の痕跡を突きつけることで、現実や仮想、そして私たち自身の想像力を問う興味深い試みとなっている。

(42) シンガー前掲書、五〇二頁。

(43) シャマユー(前掲書)はシンガーのこの主張に対して、DSM(精神障害の診断と統計マニュアル、Diagnostic and Statistical Manual of Mental Disorders)の定義を踏まえ、操縦者の身体が直接的な死などの脅威に曝されていない以上これをPTSDとするのは誤りだと批判している。シャマユーの指摘は正しいが、ただしシャマユーも操縦者が何らかの精神的病理への圧力下にあることを否定しているわけではない。

(44)「Twitterやその他のヴァーチャル・テクノロジーが公的領域の脱具象化へと導いたため、諸権利の行使は現在、街頭における諸身体を大きく犠牲にして起こっている、と主張する人もいるが、私はその意見には一部不賛成である」(バトラー『アセンブリ——行為遂行性・複数性・政治』佐藤嘉幸、清水知子訳、青土社、二〇一八年、一二四頁)。

(45) 同書、一二四頁。

(46) 同書、一二二-一二三頁。

(47) オーストラリアの作家グレッグ・イーガンによる幾つかの小説は、これらさまざまの精神のアップロードやクローンについての見事な描写がある。

(48) N・ヘルツフェルド「サイバネティックス的不死対キリスト教的復活」T・ピーターズ、R・J・ラッセル、M・ヴェルカー編『死者の復活——神学的・科学的論考集』小河陽訳、日本キリスト教団出版局、二〇一六年、二六四頁。

(49) ただしここで言う歴史の連続性とは、あらゆる他者に対峙したそれぞれのこの私の受苦を通してのみ常に産み出され続けるものであり、虚構としての超歴史な実体をともなった民族や国家によって保証されるものではない。

(50) カタルーニャ工科大学内にあるかつての教会Torre Gironaには、MareNostrumと呼ばれるスーパーコンピュータが設置されている。歴史と荘厳さを——要するにアウラを——持つ建築物の中に据えられた情報-技術の枠であるソリッドなそれは、観る者に対して、現代における神がデータであることを圧倒的な説得力(とともにある種のパロディの感覚)を以て示している。

(51) ハイデガー『技術への問い』関口浩訳、平凡社、二〇一三年。

(52) ナンシー『フクシマの後で——破局・技術・民主主義』渡名喜庸哲訳、以文社、二〇一二年。

(53) A・クラーク『生まれながらのサイボーグ——心・テクノロジー・知能の未来』呉羽真、久木田水生、西尾香苗訳、春秋社、二〇一五年。

(54) Nick Goldman., *et al.* "Towards Practical, High-capacity, Low-maintenance Information Storage in Synthesized DNA". *Nature*. 494. 2013. pp.77–80.

(55) Theodore W. Berger. "Brain-Implantable Biomimetic Electronics as a Neural Prosthesis for Hippocampal Memory Function". *Toward Replacement Parts for the Brain: Implantable Biomimetic Electronics as Neural Prostheses*. The MIT Press. 2005.

(56) 欧州委員会による二〇一二年の提言 "Regulation of the European Parliament and of the Council" Article 17による。ただし二〇一四年の修正では「消去権(Right to erasure)」と表現されるようになっている("Factsheet on the "Right to be Forgotten" ruling (C-131/12)"を参照)。

(57) スティグレール前掲書、三九頁。

(58) このことは出自による差別を肯定するものでは決してない。自己が自己であることの存在論的な確信は社会的慣習や規範に先立つものであり、ここではあくまでその次元に限定している。

(59) 橋本一経『指紋論——心霊主義から生体認証まで』青土社、二〇一〇年、八九頁。

(60) 同書、一八九頁の写真を参照。

(61) ベルティヨンによる人体測定法は一八八五年フランス司法省により正式採用された。

(62) キットラー(F・キットラー『グラモフォン フィルム タイプライター』石光泰夫、石光輝子訳、筑摩書房、一九九九年)によれば「指紋やイントネーションや足跡その他の、意識しないうちに秘密をばらしてしまうような徴しはメディアの独壇場」(同書、一四〇頁)であった。このことは、指紋法が、現在私たちがライフログなどの技術により無自覚的に私の固有性を暴かれ決定されている状況の先駆的な例であることを表している。

(63) 橋本前掲書、一八三頁。

(64) 自撮り機能を持った最初期の携帯電話としてシャープ製J-SH04(二〇〇〇年)がある。

(65) トドロフ前掲書、一二四頁。

(66) 近年における顔認証技術の具体的な性能については以下を参照。Patrick Grother, Mei Ngan. "Face

Recognition Vendor Test (FRVT): Performance of Face Identification Algorithms". *NIST Interagency Report 8009*. 2014.

(67) 橋本前掲書、二一〇頁。

(68) C・ビショップ『人工地獄——現代アートと観客の政治学』大森俊克訳、フィルムアート社、二〇一六年、三七六頁。また Celia-Yunior自身による作品紹介は https://www.celia-yunior.com/registro-de-poblacinを参照。

(69) 新共同訳聖書、ヨブ記参照。自らの義を主張するヨブに対し、神はただ世界創造の際にヨブがどこにいたのかという問いを突きつけるのみである。

(70) 遠藤薫『廃墟で歌う天使——ベンヤミン『複製技術時代の芸術作品』を読み直す』現代書館、二〇一三年、三〇頁。

(71) 同書、九頁。

(72) ベンヤミン前掲書、一〇-一一頁。ここでベンヤミンが複製技術として思い描いているのは、木版、印刷、銅板、エッチング、石版、そして写真と映画である。

(73) C・アンダーソン『〔メイカーズ〕——21世紀の産業革命が始まる』関美和訳、NHK出版、二〇一二年、三五頁。

(74) 同書、九六頁。

(75) 同書、一二八頁。

(76) マイヤーズ前掲書、二三七-二四六頁を参照。

(77) 単純に肖像写真とは呼べないが、確かに人の顔が写されている写真。そこには「ある肉体、ある人の顔、それもしばしば、われわれの愛する人の肉体や顔」(バルト前掲書、一三三頁)が写されている。

(78) アウラとは、「どんなに近くにあっても遠い遙けさを思わせる一回かぎりの現象」(ベンヤミン前掲書、一三八頁)であり、「どんなに近距離にあっても近づくことのできないユニークな現象、ということである」(同書、一七頁)。

(79) 「芸術作品に接するばあい、いろいろなアクセントのおきかたがあるが、そのなかでふたつの対極がきわだっている。ひとつは、重点を芸術作品の礼拝的価値におく態度であり、もうひとつは、重点を作品の展示的価値におく態度である。芸術作品の制作は、礼拝に役だつ物象の製作からはじまった。〔……〕石器時代の人間が洞穴の壁に模写したおおしかは、一種の魔法の道具であった。〔……〕しかし、個々の芸術制作が儀式のふところから解放されるにつれて、その作品を展示する機会が生まれてくる」(同書、二〇頁)。

(80) 同書、二二頁。
(81) ボードリヤール二〇〇九年b前掲書、三〇頁。
(82) ベンヤミン前掲書、六一-六二頁。
(83) 同書、一七頁。
(84) ボードリヤール二〇〇九年a前掲書、一二〇頁。
(85) 同書、一二五頁。
(86) 同書、一二四頁。
(87) ベンヤミン前掲書、八〇頁。
(88) C・バーナット『3Dプリンターが創る未来』原雄司監修、小林啓倫訳、日経BP社、二〇一三年、一三三-一三五頁、その他さまざまな実例をインターネット上で見ることができる。
(89) ボードリヤール二〇〇九年a前掲書、一七二頁。
(90) レヴィナス前掲書、二一二頁。
(91) 同書、二七五-二七六頁。
(92) 「遺人形」については https://iningyo.com/ を参照。
(93) ハガティとエリクソン(Kevin D. Haggerty, Richard V. Ericson. "The surveillant assemblage". *British Journal of Sociology*. Vol. No. 51 Issue No. 4. 2000. pp.605–622.)によれば、データ・ダブル(data double)とは、監視の複合体(surveillant assemblage)により徹底的に調査され追跡されるものとして、物質的な身体から抽象的なデータフローとして再構成された私たちの分身を意味する。データ・ダブルは効率的な広告や監視という点において企業や国家に大きな利益をもたらすが、私たち自身もまたそのシステムに全面的に依存している以上、拒否／対抗を安易に主張しても意味はない。

（94）ボードリヤール二〇〇九年b前掲書、一五一頁。

（95）C・ボヌイユ、J＝B・フレソズ『人新世とは何か――〈地球と人類の時代〉の思想史』野坂しおり訳、青土社、二〇一八年。

（96）Will Steffen, Johan Rockström, Katherine Richardson., *et al.* "Trajectories of the Earth System in the Anthropocene". *PNAS*. vol.115 no.33. 2018. p.8252.

（97）Will Steffen, Jacques Grinevald., *et al.* "The Anthropocene: conceptual and historical perspectives". *Philosophical Transactions of The Royal Society A*. 369. 2011. p.843.

（98）Paul Crutzen. "Geology of mankind". *Nature*. vol 415. 2002. p.23.

（99）*Ibid*.: p.23.

（100）Simon Lewis, Mark A. Maslin. "Defining the Anthropocene". *Nature*. Volume 519. 2015. p.172.

（101）*Ibid*.: p.175.

（102）*Ibid*.: pp.172-174.

（103）Crutzen *op.cit*.: p.23.

（104）ただしボヌイユは、SRCによる二十四の地球システムパラメータの時間的変化を示したグラフについて言及するなかで、大加速の開始を一九四五年に見てとることができることに同意しつつ、軸の取り方次第で印象が変わることも注意するべきだという妥当な批判もしている（ボヌイユとフレソズ前掲書、七六－七八頁）。

（105）William F. Ruddiman. "The Anthropocene". *Annual Review of Earth and Planetary Sciences*. 2013. 41. ラディマン自身は人新世の開始時期を二層化することを検討している。だがその場合には人新世の第一フェーズによって完新世がほぼ排除されてしまうということ、また人新世においてはゴールデン・スパイク（層序区分に記録された地球環境変動の単一の物理的な標）を見出すことが非常に困難であることを挙げ、最終的には「人新世という用語は非公式に使用する方が理にかなっている」（*Ibid*.: p.66）と述べている。

（106）ボヌイユとフレソズ前掲書、三四頁。

(107) 同書、一一頁。
(108) 同書、二一頁。
(109) 同書、二一頁。
(110) 同書、二三頁。
(111) 第六の絶滅期については Gerardo Ceballos, Paul R. Ehrlich, Rodolfo Dirzo. "Biological annihilation via the ongoing sixth mass extinction signaled by vertebrate population losses and declines". *PNAS*. vol.114 no.30. 2017. pp.6089-6096.を参照。
(112) ボヌイユとフレソズ前掲書、二三頁。
(113) 同書、二五頁。
(114) Will Steffen, Katherine Richardson, Johan Rockström., *et al*. "Planetary boundaries: Guiding human development on a changing planet". *Science*. vol 347. 2015. pp.737-746.
(115) ボヌイユとフレソズ前掲書、二九頁。
(116) 同書、二九頁。
(117) 桑田学「人新世と気候工学」『現代思想』vol.45-22、青土社、二〇一七年、一二七頁。
(118) D・ハラウェイ「人新世、資本新世、植民新世、クトゥルー新世——類縁関係をつくる」高橋さきの訳『現代思想』(前掲書)、一〇〇頁。
(119) 飯田麻結、北野圭介、依田富子「誰が人新世を語ることができるのか——人新世・人文学・フェミニズム」『現代思想』(前掲書)、一一九頁。
(120) 実際、マイヤーズは人新世に対して、「地球全体と人類は相互に関係し合っており、人類が引き起こした気候変動などの現象の責任は人類全体が引き受けなければならない」(マイヤーズ前掲書、四二頁)という主張を疑いもなく受け入れている。アートとテクノロジー、そしてポストヒューマンについての論考においてこのような暴力的主張が無批判になされていることには、人新世の安易な人文学への転用に内在する危険性が明確に表れている。
(121) ボヌイユとフレソズ前掲書、九四頁。

(122) 同書、九五頁。
(123) 同書、九七頁。
(124) 同書、九二頁。
(125) C・B・イェンセン「地球を考える――「人新世」における新しい学問分野の連携に向けて」藤田周訳『現代思想』(前掲書)、五〇頁。
(126) これらの主張に対して、資本主義とそれがもたらす格差を重視する立場としてA・マルム、A・ホアンボー「人類の地質学?――人新世ナラティヴ批判」西亮太訳『現代思想』(前掲書、一四二―一五一頁)がある。
(127) ボヌイユとフレソズ前掲書、四〇頁。
(128) 同書、三八頁。
(129) 「毎年二〇〇〇万から三〇〇〇万の人々が自然災害のせいで移民している」(同書、四三頁)。
(130) 同書、四五頁。
(131) 同書、六〇頁。
(132) 同書、六二頁。
(133) 同書、六〇頁。
(134) 同書、六二頁。
(135) 同書、七四頁。
(136) 同書、七九頁。
(137) 同書、一〇四頁。
(138) 同書、一一六頁。
(139) 同書、一一八頁。
(140) イェンセン前掲書、五一頁。
(141) ボヌイユとフレソズ前掲書、三四三―三四四頁。
(142) 同書、三四三頁。

(143) 同書、三四四頁。
(144) 例えば落合(二〇一八年前掲書)による計算機自然の議論を参照。
(145) 飯田他前掲書、一一八頁。
(146) R・ブライドッティ『ポストヒューマン――新しい人文学に向けて』門林岳史監訳、大貫菜穂他訳、フィルムアート社、二〇一九年、一六頁。
(147) 同書、六二頁。
(148) 同書、四一頁。
(149) 同書、一三八頁。
(150) 「科学技術論における分析的ポスト-ヒューマニズムは、現代のポストヒューマン的光景において最も重要な要素のひとつである。しかしながら〔……〕この立場は大きく的をはずしている。というのも、この立場はヒューマニズム的な諸価値から選別した一部分を取り入れるだけで、そうした接ぎ木的な実践が生み出す諸矛盾には取り組まずにいるからだ」(同書、六七-六八頁)。
(151) 同書、九〇頁。
(152) 同書、九五頁。
(153) 同書、一五一-一五二頁。
(154) L・フロリディ「情報倫理の本質と範囲」西垣通、竹之内禎編著訳『情報倫理の思想』西垣通訳、NTT出版、二〇〇七年、四七-九八頁。実際、フロリディのIEはすべてが計算の空間である地-権力と本質的には親和性を持つものになるように思える。
(155) ブライドッティ前掲書、一二〇頁。
(156) 同書、一三四頁。
(157) 同書、一五二頁。
(158) 同書、一〇三頁。
(159) この点において、人新世において「文化の多様性や権利、条件の平等性、人間と非人間の排他性を取り払う紐帯、無限の希望、質素な消費、謙虚な干渉のなかに生きることを学ぶこと」(ボヌイユとフレソズ前掲書、三四四頁）の重要性を強調するボヌイユとフレソズの立場も、既存の人文学を超え出でるものではないだろう。

（160）ブライドッティ前掲書、九二頁。

第三章　別様の未来

（1）ただし身体的な接触を重んずるリンギスはインターネット的なコミュニケーションに対して批判的である。リンギスにとって、ネットワーク化された社会は透明なコミュニケーションの一つの完成形である。本書はデジタルネットワークそのものが人間の関係性を毀損するとは考えないため、この点においてはリンギスに同意しない。

（2）さらに石黒は、以下に引用するように、人間が生きるということはある恣意的な一瞬——若く美しいとき——に固定化されることであり、そこにこそその人間の本質があるということ、そしてアンドロイドによってその固定化が可能であると主張する。「社会のなかで特に記憶されている人というのは、アイデンティティに明らかなピークがあります。〔……〕アイデンティティにはピークがあり、それが生きているということであれば、アンドロイドじゃないと生き続けられない、ということにもなるわけです。〔……〕わたしが自分のアンドロイドで講演をしたりする行為は、ある意味、死を克服しているとも言えると思います」（『Wired』Vol.14、コンデナスト・ジャパン、二〇一五年、五七頁）。

（3）この革新的な技術がどこまで現実的な影響力を持っていくのかについては、まだ慎重に考えるべきだろう。Emma Haapaniemi, Sandeep Botla., *et al.* "CRISPR–Cas9 genome editing induces a p53-mediated DNA damage response".*Nature Medicine*. Volume 24. 2018. pp.927–930.、Kellie A Schaefer, Wen-Hsuan Wu., *et al.* "Unexpected mutations after CRISPR–Cas9 editing in vivo". *Nature Methods*. Volume 14. 2017. pp.547–548.、およびCarsten T. Charlesworth, Priyanka S. Deshpande., *et al.* "Identification of Pre-Existing Adaptive Immunity to Cas9 Proteins in Humans". *bioRxiv*. 2018.などを参照。

（4）J・ダウドナ、S・スターンバーグ『CRISPR——究極の遺伝子編集技術の発見』櫻井祐子訳、文芸春秋、二〇一七年。

(5) 技術の道徳化に関するフェルベーク前掲書の議論を参照。
(6) 厳密に言えば、そのような引き剥がしを誰かが行なうとして、その誰かをも含めた全体により生み出される存在の必然性もあるだろう。その木を切るのがその土地、文化圏に根ざしたある一人の樵である場合、切り倒された一本の木には、それなりの存在における強度が残されるかもしれない。これは比較的安直な例ではあるが、しかし全体性に歴史/時間が関係していることは強調しておくべきである。
(7) ピロリ菌とヒトの関係についてはM・J・ブレイザー『失われてゆく、我々の内なる細菌』山本太郎訳、みすず書房、二〇一五年、第九章から第十一章に客観的な分析がある。
(8) 同書第八章および二三二―二三三頁。
(9) 米国のバイオテクノロジーベンチャーである23andMeの特許出願資料(P・ノフラー『デザイナー・ベビー――ゲノム編集によって迫られる選択』中山潤一訳、丸善出版、二〇一七年、一五六―一五八頁を参照)。
(10) 久保田晃弘『遙かなる他者のためのデザイン――久保田晃弘の思索と実装』BNN、二〇一七年、一二八頁。
(11) 同書、一七一頁。
(12) 同書、二三一頁。
(13) 同書、四〇五頁。
(14) ハーバーマス前掲書、七八頁。
(15) 同書、七六頁。
(16) 久保田前掲書、三六四頁。
(17) 中世西ヨーロッパにおける数量化という世界観の転換について描いたクロスビー(A・W・クロスビー『数量化革命――ヨーロッパ覇権をもたらした世界観の誕生』小沢千重子訳、紀伊國屋書店、二〇〇三年)の優れた研究では、次のように当時の時間観念の変化が述べられている。「従来のように時間の内容がその長さを規定するのではなく、時間がその内容を計量するようになったのだ」(同書、二〇二頁)。つまり、時間そのものもまた計量可能となったのであり、このことはさらに次のような思想も生み出すことになる。「時間にも〔……〕価格がつけられることがわかってくると、時間は神の独占的な財産であるがゆえに、こうした事態は人々の精神と道徳観に緊張をもたらした。時間に価格がつけられるなら〔……〕熱や速度や愛情といった分割できない諸々の不可量物も、数字で評価できるのだろうか?」(同書、九八頁)。

(18) ダウドナ前掲書、二八〇頁。

(19) 同書、二八五頁。

(20) 同書、二九八頁。

(21) 絶滅危惧種をクローニングなどの技術によって救おうとする研究者たちの姿はアンテス(E・アンテス『サイボーグ化する動物たち——ペットのクローンから昆虫のドローンまで』西田美緒子訳、白揚社、二〇一六年)第四章に描かれている。

(22) たとえそこに研究者や環境保護運動家たちの真摯で切迫した思いがあったとしても、バトラー(二〇一八年前掲書)が内戦地域において命がけで復興のために働いているNGOの活動が皮肉にも逆にさらなる内戦を導くことにつながる危険性を指摘しているように、絶滅種の遺伝情報をアーカイヴ化できるのだという意識は、却って環境保全への動機づけを弱体化させてしまうかもしれない。

(23) ブレイザー前掲書、一八および三九頁。

(24) 須藤信行「脳機能と腸内細菌叢」『腸内細菌学雑誌31巻』二〇一七年、一三一―一三二頁を参照。

(25) スティグレール前掲書、五六―五九頁。

(26) 同書、五〇頁。

(27) 同書、六五―六六頁。

(28) 同書、六六頁。

(29) 同書、七九頁。

(30) 同書、六四頁。

(31) ここで言う石器とはフリント製の打製石器に限定されるものではない。さらにそれは、ヒト属によって作られたものでさえなくても構わない。異論はあるとしても、ケニアのロメクウィ3で発見された石器(Sonia Harmand, Jason Edward Lewis., *et al.* "3.3-million-year-old stone tools from Lomekwi 3, West Turkana, Kenya". *Nature*. Volume 521 (7552). 2015. pp.310–315.を参照) はヒト亜科により三三〇万年前に作られたとされている。その石器のデジタル化された画像データをモニター越しに眺めているだけであっても、私たちにはそのヒト亜科の誰かがその石を打った瞬間を、想像を超えて観取できる。それはなぜかというところに本書の論点がある。その誰かが実際にその石を打ったとき、考古学者たちが三三〇万年後にその石をその目で見出し手に取ったとき、そして私たちが博物館でその石に対面するときと、いまモニター上に映し出されたピクセルデータを眺めるときとでは、その迫真性に差異があることは確かかもしれない。だが、そのような差異についての表層的な議論を延々繰り返すことに果たしてどれだけ意味があったのだろうか。そしてメディア技術が新たな生態系となった現代社会を生きる人間の原理の解明にどれだけ応えることができたのだろうか。だからこそ私たちは、そこに現れる迫真性について直接問うことができるメディア論の体系を構築しなければならないのである。

(32) スティグレール前掲書、九〇頁。

(33) 保苅前掲書、二七頁。

(34) 同書、二四三頁。

(35) 同書、一九頁。

(36) 同書、二五九頁。

(37) ただしここでは、人間以外の存在、例えば植物が外界を認知する能力を持たないと主張しているのではない。樹木間のコミュニケーションについてはDavid G. Haskell, *The Songs of Trees: Stories from Nature's Great Connectors* (New York: Penguin Books, 2017)を参照。また、一部の真正細菌が、自らの生息密度により特定の物質の生産量を調整するクオラムセンシング(quorum sensing) も、生物学的次元におけるコミュニケーションと呼べるだろう。

(38) スティグレール前掲書、一〇九頁。

(39) 同書、一一八頁。

(40) 「『信頼せず検証する』ブロックチェーン技術で金融インフラを見直そう」Blockstreamの Samson

Mow氏」(https://jp.techcrunch.com/2017/12/12/tctokyo2017-blockstream/) 参照。また、Teck Crunch Tokyo 2017(2017/11/16)における彼の講演にも拠っている。

(41) スティグレール前掲書、一八頁。

(42) チューリングが一九五〇年に発表した論文(Alan Turing. "Computing Machinery and Intelligence". *Mind*. Vol.59 No 236. 1950. pp.433-460.)において考案した、対象となる存在が知性を持っているかどうかを判定するためのテスト。このテストでは、質問者が対象に対して幾つか質問をし、その返答によって対象が人間かどうかを判断する。その結果としてある一定率以上対象が人間であると質問者に思わせることができれば、テストに合格したことになる。二〇一四年には、ロンドン王立協会において開催されたチューリングテストで、十三歳のウクライナ人という設定を持つチャットボット Eugene Goostmanが初めてチューリングテストに合格した(http://www.reading.ac.uk/news-and-events/releases/PR583836.aspx)。しかしチューリングテストに対しては、例えばサールによる「中国人の部屋」の思考実験のように根本的な批判もなされている。なお、サールに対する再批判として、郡司ペギオ幸夫『天然知能』(講談社選書メチエ、二〇一九年)がある。郡司は、思考/部屋(マニュアル読解/自動化されたシステム)という構造は、刺激に対して反応を返す脳神経からどのようにして意味が生まれるのかというものの置き換えに過ぎず、だとすれば私たち自身の思考さえ中国人の部屋と同じだと言わざるを得なくなるということを指摘する。その上で彼はそれを逆手に取り、中国人の部屋でさえ思考を持つのだと言う。ここでポイントになるのが天然知能、すなわち予測できない外部からの訪問を待つ、そういった備えを持つ知能の形態である。また、前記URLにても確認できるが判定手段は相当に限定されており、現実的にもこのテストが意味を持っているのかどうか疑問である。有名なチューリングテストのコンテストであるLoebner Prizeにて二〇一七年に優勝したプログラム Mitsukuの会話ログ(Andrew O. Martin. "AISB Loebner Prize 2017 Finalist Selection Transcripts". AISB. 2017)を見ても、これにより対象の知性を判定できるとすることには同意困難だろう。

(43) パーソナルファブリケーションは基本的に環境負荷が低いと考えられている。しかしその中心的技術である3Dプリンタについて考えてみても、素材となるコーンスターチやサトウキビなどの植物由来の原料から生成されるポリ乳酸（PLA：polylactic acid）が本当に環境負荷を低減するのかどうかについては、原料となる植物の育成からPLAの生成、工業製品の製造・販売から廃棄・分解に至るすべての過程、そしてそれらの工程間における輸送において生じるすべての環境負荷について定量的に分析しなければ判断できない。また、もしPLAの供給がローカルに行われるとしても、そのこと自体がその地域の伝統的な農業形態をどのように変化させてしまうのかは別の問題として残る。

（44）W・マーシャル「生命の再定義」マイヤーズ前掲書、一三五－一三六頁。

（45）久保田晃弘「反転の美学——ポストゲノム時代のバイオアート」マイヤーズ前掲書、一一二頁。

（46）久保田二〇一七前掲書、三五四頁。

（47）マイヤーズ前掲書、三六五頁。

（48）『平成29年度［第20回］文化庁メディア芸術祭受賞作品集』文化庁メディア芸術祭実行委員会編、二〇一七年、二八頁。

（49）同書、三二頁。

（50）久保田二〇一七年前掲書、四〇六頁。

（51）J・ヘーリッシュ『メディアの歴史——ビッグバンからインターネットまで』川島健太郎、津崎正行、林志津江訳、法政大学出版局、二〇一七年、四二五頁。

（52）D・エヴァース「時間の流れの中の記憶と復活の概念」T・ピーターズ他編前掲書、三三三頁。

（53）マイヤーズ前掲書、一一六頁。

（54）同書、五八頁。

（55）同書、六二頁。

（56）同書、六二頁。

（57）同書、六二頁。

（58）「「バイオ」と「アート」をガッチャンと合体させる。だけではダメ」（https://wired.jp/waia/2017/05_shiho-fukuhara/）を参照。

（59）『Wired』前掲書、五五頁。

（60）「賛否両論？　遺伝子を扱うアート集団ＢＣＬが初音ミクの細胞を展示」（https://www.cinra.net/interview/201510-bcl/）を参照。

（61）ボードリヤール『芸術の陰謀――消費社会と現代アート』塚原史訳、ＮＴＴ出版、二〇一一年、一〇八頁。

（62）"Neukom Vivarium"（https://art21.org/read/mark-dion-neukom-vivarium/）を参照。

（63）引用同上。

（64）K・ロビンス『サイバー・メディア・スタディーズ――映像社会の〈事件〉を読む』田畑暁生訳、フィルムアート社、二〇〇三年、一一頁。

（65）同書、一七頁。

（66）同書、二三頁。

（67）同書、二八頁。

（68）ガラスで作られた都市に触れるのであれば、シェーアバルトの「ガラス建築」（P・シェーアバルト『永久機関　附・ガラス建築』種村季弘訳、作品社、一九九四年）についても言及しておくべきであろう。シェーアバルトは十九世紀末から二十世紀初頭を生きたある種の芸術家であり、「ガラス建築」を通してブルーノ・タウトに影響を与えたことで知られている。彼にとってのガラス建築はまさに近代を象徴するものであるとともに、新しい文化をもたらすための具体的手段であった。木材という容易に腐食する儚い素材に対して、ガラスは永遠である。むろん鉄筋コンクリートも「堅牢で風化しにくい建材である」が、「惜しむらくはしかしこれが透明ではないことだ。透明なのはガラスだけである」（以下すべて同書、一七〇頁）。したがって透明性こそが重要なのだ。思想的にだけではなく、害虫の放逐が繰り返し言及されていることからも分かるように、現実の次元においても透明な生が希求される。ガラス建築で満たされた地上はパラダイスとなり、私たちは「もはや天上にパラダイスを仰ぎ見る必要はなくなる」（一七二頁）。そこで暮らす人びとは「不埒な手を持つことなどあり得ない」（二一六頁）し、そこでは自然さえも「まったく異なる光の下に立ち現れてくるだろう」（二〇二頁）。そのとき、私たちは地球を「金星とも火星とも見違えて目を丸くするだろう」（二二三頁）。すべてが透明で永遠な世界に生き、自らを倫理的に正しい（と疑わない）人間とは、すなわち世俗的な神以外の何者でもない。それは決して一幻視家の夢などではない。ガラスを合理性やコントロール可能な技術という言葉に置き換えてみれば、結局のところ、私たちは未だにどこかで彼のビジョンを共有したままに近代という幻想を生きているのだ。だが同時に、彼は存在論的ノイズについても直観している。「金属は冷たいといわれる。木材は暖かいという。これはしかし習慣の表象である。タイル製暖炉がまだなかった時代には、ピカピカに磨き上げた壁タイルでさえも冷たいと感じられていたのである。タイル製暖炉の登場を俟ってはじめて陶器が暖かく感じられるようになったのである。金属もたぶん同じことになろう」（一八一頁）。確かにそうかもしれない。だが素材としての鉄を超え、デジタル化によって思考そのものにさえ透明性が侵襲してくるとき、私たちは単に安穏と時の経過を待つわけにはいかない。

（69）ロビンス前掲書、二〇九頁。

（70）同書、二〇六頁。

（71）例えば一九九四年に事故死したF1ドライバー、アイルトン・セナが一九八九年鈴鹿で記録した走行データから彼の走りを再生するプロジェクト、"Sound of Honda Ayrton Senna 1989"（https://www.youtube.com/watch?v=7pC0YSdnss4）を参照。ここではセナの遺した（人間の生全体からすれば）極めてシンプルな走行データにより再現されたエンジン音、そして速度を表現するためのライトの動きが、現在の観客の眼前に当時のセナの走りをまざまざと蘇らせる様が示されている。それはデータの量や正確さに――少なくともそれのみに――拠るものではないし、観客の想像力に拠るものでもない。かつてその場を走ったセナが、いま、私たちを貫通しているのである。

（72）ロビンス前掲書、一二八頁。

（73）同書、一二九頁。

（74）同書、一一三頁。

（75）同書、一三一頁。

（76）同書、一三四頁。

（77）L・マノヴィッチ『ニューメディアの言語――デジタル時代のアート、デザイン、映画』掘潤之訳、みすず書房、二〇一三年。

(78) 同書、三五九頁。

(79) 同書、三六九頁。

(80) したがってここでは、単純化された意味において、情報圏においてすべてが情報エンティティとして現れてくるという前出のフロリディのIEと容易に接続できる。

(81) ラジオとノイズの関係についてのスターン(J・スターン『聞こえくる過去――音響再生産の文化的起源』中川克志、金子智太郎、谷口文和訳、インスクリプト、二〇一五年)の分析は、本書とは立場が異なる面も多いが興味深い。彼の「忠実性」と「アクースマティック」(音とその発生源とを存在論的に分割する考え方)を巡る議論は、本書の全体性概念を批判的に検討していく上で有効だろう。

(82) ただしそれがどのようなノイズであるのかは重要である。腸内細菌叢についてのマノフ(M・ベラスケス=マノフ『寄生虫なき病《やまい》』赤根洋子訳、文芸春秋、二〇一四年)の指摘を見てみよう。「娘が必死になってしゃぶっている玩具にしろ果物にしろ、肘掛けにしろ毛布やその他諸々のものにしろ、それほど遠くない過去の時代には特有のバイオフィルム――大勢の家族や、飼っている家畜や、戸外の泥など由来の――で覆われていたはずである。現在にしても、身近にあるものはみんな微生物だらけには違いないが[……]その数もバラエティも昔とは桁違いに少ないだろうし、しかも不適切なタイプの微生物ばかりだろう。我が娘の腸内細菌叢は周囲のこういった微生物から作られるようなものだが、それは進化の規格からは確実にほど遠いものだろう。だから、肘掛をなめたり本にしゃぶりついたりしている娘を見て私が心配しているのは、この部屋がどれほど不潔なのかということではない。この部屋が清潔すぎるのでは、という心配でもない。私が心配しているのは、この部屋が正しい微生物で汚れているかどうか、である」(二七六-二七七頁)。このことは存在論的ノイズと除去可能性ノイズについても転用することができる。つまり、私たちは私たちの生からノイズを完全に除去することはできないし、しようとするべきでもないのだが、だからといってそれは単に乱雑であればよい、ということを意味するのではない。乱雑さは透明性を遠ざけるように思えるかもしれないが、疑似乱数が決定論的であるように、その複雑さは見かけ上のものにすぎないかもしれない。だとすれば、やはり私たちはその不潔さ／乱雑さ

／不透明さに、どれだけの時間が含まれているのかを問う必要があるだろう。

おわりに　それで、きみは神になりたいのか？

（1）K・ケリー『TECHNIUM――テクノロジーはどこへ向かうのか？』服部桂訳、みすず書房、二〇一四年、四〇九頁。

（2）服部桂『テクニウム』を超えて――ケヴィン・ケリーの語るカウンターカルチャーから人工知能の未来まで』インプレスR&D、二〇一五年、六八頁。

（3）ヘルツフェルド前掲書、二七四―二七五頁。

（4）日立と京都大学は、フェムト秒パルスレーザーにより石英ガラスの内部にドット情報を刻印し、大容量の記録を三億年保存できる技術を開発している(Ryo Imai, *et al.* "100-Layer Recording in Fused Silica for Semi Permanent Data Storage". *Japanese Journal of Applied Physics*. Volume 54: Number 9S. 2015.)。

（5）第十九回文化庁メディア芸術祭アート部門新人賞受賞作品。詳細は『平成27年度［第19回］文化庁メディア芸術祭授賞作品集』文化庁メディア芸術祭実行委員会編、二〇一六年、四二―四三頁を参照。またポットハスト本人による解説としては http://www.lorenzpothast.de/petroglyphomat/ を参照。

（6）第二十回文化庁メディア芸術祭エンターテインメント部門優秀賞受賞作品。詳細は『平成29年度［第20回］文化庁メディア芸術祭授賞作品集』前掲書、七六―七九頁を参照。

（7）ある個人データについて、特定の条件を満たした場合にその当該人物がcontrollerに対してデータ削除および頒布停止させる権利を持つことを指す。欧州委員会による二〇一二年一月の提言（前出）による。また二〇一五年六月に公開されたプレスリリース "Commission proposal on new data protection rules to boost EU Digital Single Market supported by Justice Ministers"には、この忘れられる権利が強化されると明記されている。

（8）一九九五年十月のEU指令 "on the protection of individuals with regard to the processing of personal data and on the free movement of such data" Article 2(d)においては、controllerは「単独あるいは協働により、個人データの処理の目的と方法を決定する、自然人、法人、公的団体、政府機関またはその他の団体」と定

義されている。

(9) ピカート前掲書、二一八―二三一頁を参照。

(10) T・スタンデージ『ヴィクトリア朝時代のインターネット』服部桂訳、NTT出版、二〇一一年。

(11) C・マーヴィン『古いメディアが新しかった時――19世紀末社会と電気テクノロジー』吉見俊哉、水越伸、伊藤昌亮訳、新曜社、二〇〇三年。

あとがき

MEDIOME:
MEDIA+OME

「ポストヒューマン」と聞くと、あなたは何を想像するだろうか。サイボーグ技術や遺伝子改変により強化された超人か、あるいはデジタル化した精神を広大なネット空間にアップロードした不滅の存在か。けれどもそんなSF的な存在を思い浮かべるまでもなく、私たちは既にポストヒューマンなのだ。そう聞くとあなたはきっと思うだろう。私たちがポストヒューマンであるのなら、なぜ世界はいまだに混乱と対立に満ちているのか、なぜ私たちは自らの生に対して不安を抱え続けているのか、と。

気候変動や生物多様性の喪失、パンデミック、移民排斥に公然となされるヘイトスピーチ、世界中に張り巡らされた監視網、AIによる管理、資本の論理に支配された残酷なグローバル経済。このような現実を前にして、私たちはあいかわらず無力な人間《ヒューマン》のままでいるように感じる。だから人文学《ヒューマニズム》を古くて役に立たないものとして捨て、技術に救いを求めるのも、仕方がないことなのかもしれない。けれども、本当は順序が逆なのだ。かつて人間がポストヒューマンへと踏み出したその足跡にこそ、いま私たちが直面しているさまざまな問題の根源が刻印されているのである。

本書では、人間はいつから、なぜポストヒューマンになっていったのか、そしてそれがどのような問題を引き起こすのかについて、他者とメディアを中心に探求したものだ。ポストヒューマンであることは、誰もが神となってユートピアに生きることを意味しない。そこには相変わらず、まさにいま私たちが感じているように苦痛や恐怖がある。それでも、そこにこそ、技術的楽観主義者の夢想でも反技術主義者の逃避でもない「これからの人間《ポストヒューマン》」の生を語る可能性が、人文学の再生の可能性が、残されている。すべてがデータ化していくこの時代においてなお、私たちは無数のあらゆる他者に対する責任のなかで生きていくことができるはずだ。本書を通してその希望を共有できればと願っている。

本書は主に大阪府立大学環境哲学・人間学研究所現代人間学・人間存在論研究部会の五年間にわたる活動の成果である。書籍化にともない加筆修正したが、初出を記す。

「すべてが技術化するこの世界で他者はなお畏怖され得るのか――現代情報‐技術社会の病理と救済について」（『現代人間学・人間存在論研究』第一期第一号、大阪府立大学環境哲学・人間学研究所現代人間学・人間存在論研究部会編、二〇一六年）

「粘土板から石英ストレージへ――無限と永遠を問い得る場についての存在論的／メディア論的分析」（『現代人間学・人間存在論研究』第一期第二号、大阪府立大学環境哲学・人間学

研究所現代人間学・人間存在論研究部会編、二〇一七年）
「この私を繫ぎとめるものは誰か――存在論的ノイズによる原初的共同性の基礎づけ」（『現代人間学・人間存在論研究』第一期第三号、大阪府立大学環境哲学・人間学研究所現代人間学・人間存在論研究部会編、二〇一八年）
「人新世をいかに語り得るのか――新たな地質年代におけるポスト人文学の可能性について」（『環境思想・教育研究』第十二号、環境思想・教育研究会編、二〇一九年）
「波打ち際の大聖堂――計算に引き寄せられる世界のメディア論」（『現代人間学・人間存在論研究』第一期第四号、大阪府立大学環境哲学・人間学研究所現代人間学・人間存在論研究部会編、二〇二〇年）

本書を執筆するにあたり、環境哲学・人間学研究所所長の上柿崇英さんには、透徹した論理性とあふれる熱情で常に議論を牽引してもらった。彼がいなければこの論考がここまで辿り着くことはなかっただろう。研究者であり詩人でもある増田敬祐さんは、手探りで進む私たちにその鋭い言語感覚によって幾度となく道標を与えてくれた。思想も研究スタイルも異なる三人の共同研究は、物理学の三体問題のように複雑で豊かな成果をもたらしたと思う。それから父と母に。この本には私が子供のころに読んでもらった本、連れて行ってもらった場所の痕跡が刻まれている。それもまたメディアの在り方であり、記憶の在り方だ。そして本書を私のパートナーで森林水文学者でもある若原妙子さんに捧げる。何年にも及ぶまったく異なる分野の議論に彼女が根気よく付き合ってくれなければ本書は生まれなかった。どうもありがとう。

最後に、ただでさえ人文系書籍の販売状況が厳しいなか、強い信念をもって数々の書籍を世に送り出している共和国の下平尾直さんに深い感謝を。下平尾さんには企画へのアドバイスから丁寧かつ膨大な校正にいたるまで大変お世話になった。私のような無名の研究者の本を出版することは、出版社にとって大きなリスクだと思う。それでも、書き記された思想は、それを読んでくれる人びとの手に届いて初めて命を得る。無数のネットワークのなかで生み出され伝えられていく本という素晴らしいメディアが、どうかこれからも残りますように。

吉田健彦

二〇二一年十一月

吉田健彦

YOSHIDA TAKEHIKO

一九七三年、東京都に生まれる。東京農工大学非常勤講師、大阪府立大学客員研究員。東京農工大学連合農学研究科農林共生社会科学博士課程修了。博士(農学)。専門は、環境哲学、メディア論。

共著に『環境哲学と人間学の架橋』(世織書房、二〇一五)、『環境哲学のラディカリズム』(学文社、二〇一二)がある。

メディオーム

ポストヒューマンのメディア論

著者
吉田《よしだ》健彦《たけひこ》

発行者
下平尾 直

発行所
株式会社 共和国
東京都東久留米市本町3-9-1-503　郵便番号203-0053
電話・ファクシミリ 042-420-9997
郵便振替 00120-8-360196
http://www.ed-republica.com

印刷 ……………………………… **モリモト印刷**
ブックデザイン ………………… **宗利淳一**
DTP ……………………………… **岡本十三**

2021年11月25日初版第1刷印刷
2021年12月10日初版第1刷発行

本書へのご意見・ご感想等は、以下のメールアドレスまでお寄せください。
naovalis@gmail.com

ISBN978-4-907986-75-9 C0010